JN268403

Z先生の
超かんたんドイツ語

東京外国語大学名誉教授
在間 進＝著

郁文堂

CD 2 このマークのついている箇所が、付属のCDに録音されています。数字が頭出しの番号です。数字のないマークの箇所をお聞きになりたい場合は、頭出し数字のあるところまでさかのぼってください。

本書でのドイツ語表記について

1998年8月からドイツ語圏では新正書法が実施され、それに伴って、いくつかの語は、これまでとはつづりの一部が変わることになりました。詳しくは巻末の「『新正書法』4つのポイント」を参照してください。本書では、この新しい正書法に基づいてつづりを表記しましたが、これまでと異なるものについては、*でそのつど従来のつづりを示しました。

　例：Ich gehe heute Abend* ins Kino.
　　　* 旧正書法では heute abend

ただし、ß が新正書法で ss となるもの（例：daß → dass, Fluß → Fluss）については、そのつど従来のつづりを示していませんので、「新正書法」に対応していない辞書で調べるときには、ss を ß に変えて引き直してみてください。

イラスト・カバー：井上七重
写真提供：オーストリア政府観光局・スイス政府観光局・在間進

はじめに

本書は，ドイツ語を「一歩一歩着実に身につけたい」と思う人のための初級ドイツ語入門書です．

本書は，ドイツ語の文法規則を「46項目」に分け，一項目を2ページで学習できるようになっています．文法規則は，複雑のように思えるかも知れませんが，ひとつひとつを取り出してじっくり学べば，決して難しいものではありません．

練習問題は主に，文法規則の手書き練習と，それを応用した会話文の練習からなっています．基礎的な文法規則はやはりしっかり手書きをして練習しなければなりませんし，また，言葉は実際に使ってみてはじめて価値があるのですから，会話的な文をしっかり覚えておくことも必要だと考えたからです．付属のCDを活用して習得に努めてください．

「46項目」の文法規則の補足や関連現象などは，【ステップアップ・ゼミ】【ワンポイントアドバイス】などの形で取り上げました．一つの文法規則も，説明の仕方などを少し変えると，より深くかつ着実に身につくものです．簡単な補足説明は【ひとくちメモ】としても取り上げてあります．なお，ドイツの都市などの写真もわずかですが，説明文とともに載せてあります．少しでもドイツの雰囲気を味わっていただければ幸いです．

2002年4月

著　者

もくじ

ドイツ語のアルファベット	1
ドイツ語の発音と読み方	3

1 動詞の形 (1) — 8
現在人称変化(単数)

2 動詞の形 (2) — 10
現在人称変化(複数)

- ◆ 人称代名詞 — 12
- ◆ 動詞の形 — 14

3 平叙文と疑問文 — 16
作り方・疑問詞

- ◆ 名詞の「文法上の性」 — 18

4 名詞の形 (1) — 20
定冠詞の格変化

5 名詞の形 (2) — 22
不定冠詞の格変化

- ◆ ドイツ語とはこんな言葉 — 24

6 動詞の形 (3) — 26
口調上の e

7 動詞の形 (4) — 28
不規則動詞の現在人称変化

8 前置詞の格支配 (1) — 30
前置詞と格

9 前置詞の格支配 (2) — 32
3・4格支配の前置詞

- ◆ ドイツ語の数 (1) 基数 — 34

10 名詞の複数形 — 36
5つのタイプ

11 複数形の格変化 — 38
定冠詞

12 定冠詞類 — 40
dieser / welcher など

13 所有冠詞 (1) — 42
単数

14 所有冠詞 (2) — 44
複数と kein

- ◆ e の削除 — 46

15 人称代名詞 — 48
3格・4格

- ◆ 事物を受ける人称代名詞 — 50

16 形容詞の格変化 (1) — 52
不定冠詞類と共に用いる場合

17 形容詞の格変化 (2) — 54
無冠詞の場合・定冠詞類と共に用いる場合

- ◆ 形容詞の格語尾の覚え方 — 56
- ◆ 形容詞の名詞的用法 — 58
- ◆ 名詞の省略 — 59

18 命令形 (1) — 60
親称

19 命令形 (2) — 62
敬称

- ◆ 不定詞句 — 64

20 再帰代名詞 (1) — 66
sich

21 再帰代名詞 (2) — 68
再帰動詞

- ◆ 「分離動詞」を学ぶ前に — 71

22 分離動詞 — 72
分離前つづり

23 接続詞 — 74
並列の接続詞・従属の接続詞

- ◆ 間接疑問文 — 76
- ◆ ドイツ語の数 (2) 序数と日付 — 77

24	話法の助動詞 (1) 現在人称変化	78
25	話法の助動詞 (2) 文の作り方	80
◆	sollen と müssen の用法	82
◆	未来形	84
◆	動詞の位置（まとめ）	85
26	過去形と過去分詞 (1) 規則動詞	86
27	過去形と過去分詞 (2) 不規則動詞	88
◆	分離動詞と非分離動詞	90
28	過去形と過去分詞 (3) 分離動詞と非分離動詞	92
29	動詞の形 (5) 過去人称変化	94
30	現在完了形 (1) haben + 過去分詞	96
31	現在完了形 (2) 疑問文	98
32	現在完了形 (3) sein + 過去分詞	100
◆	haben と sein の使い分け	102
◆	過去完了形と未来完了形	103
33	受動形 (1) 現在	104
◆	能動文から受動文を作る	106
34	受動形 (2) 過去	108
35	受動形 (3) 現在完了	110
◆	受動文のバリエーション	112
◆	受動文の存在理由	113
36	zu 不定詞句	114
◆	zu 不定詞句のその他の用法	116
◆	nicht の位置	117
37	比較変化 (1) 比較級・最上級	118
38	比較変化 (2) 名詞につける場合	120
39	比較変化 (3) 述語的に用いる場合	122
40	比較変化 (4) 副詞	124
◆	原級による比較表現	126
41	関係文 関係代名詞の格変化	128
◆	関係詞のバリエーション	130
◆	接続法とは	133
42	接続法 (1) 接続法第 1 式	134
43	接続法 (2) 接続法第 2 式	136
44	接続法 (3) 間接話法	138
45	接続法 (4) 非現実話法	140
46	接続法 (5) 接続法過去	142
◆	接続法第 2 式の特別な用法	144
◆	ドイツ語と英語の「語順」	146
「新正書法」4 つのポイント		148
解答		151
主な不規則動詞の変化表		169

Z先生の
超かんたんドイツ語

ドイツ語圏の主な国

- **ドイツ連邦共和国**
  Bundesrepublik Deutschland
  面 積：35万6900km²
  人 口：8,134万人
  通 貨：ユーロ (€)
  首 都：ベルリン (Berlin)
  　　　 348万人

- **オーストリア共和国**
  Republik Österreich
  面 積：8万3900km²
  人 口：799万人
  通 貨：ユーロ (€)
  首 都：ウィーン (Wien)
  　　　 153万人

- **スイス連邦** (通称：Schweiz)
  Schweizerische Eidgenossenschaft
  面 積：4万1300km²
  人 口：697万人
  通 貨：スイス・フラン (sfr)
  首 都：ベルン (Bern)
  　　　 13万人

■ 100万人以上　■ 50万人～100万人　● 10万人～50万人　■ 2万人～10万人　• 2万人以下

ドイツ語のアルファベット

ドイツ語のアルファベットは下の表から分かるように，さいごの 4 つの文字を除けば，あとは英語と同じです．しかし，発音のカタカナが示すように，読み方はいくつかの文字で英語と異なっています．太字のところにアクセントを置きます．

A a [aː アー]	**B b** [beː ベー]	**C c** [tseː ツェー]	**D d** [deː デー]	**E e** [eː エー]	
F f [ɛf エフ]	**G g** [geː ゲー]	**H h** [haː ハー]	**I i** [iː イー]	**J j** [jɔt ヨット]	
K k [kaː カー]	**L l** [ɛl エル]	**M m** [ɛm エム]	**N n** [ɛn エヌ]	**O o** [oː オー]	
P p [peː ペー]	**Q q** [kuː クー]	**R r** [ɛr エル]	**S s** [ɛs エス]	**T t** [teː テー]	
U u [uː ウー]	**V v** [faʊ ファオ]	**W w** [veː ヴェー]	**X x** [ɪks イクス]		
Y y [ʏpsilɔn ユプシロン]		**Z z** [tsɛt ツェット]			
Ä ä [ɛː エー]	**Ö ö** [øː エー]	**Ü ü** [yː ユー]	**ß** [ɛs-tsɛ́t エスツェット]		

この 4 つは英語にないね

ß に大文字はない

> ドイツ語の発音の特徴は，あいまいな音がなく，「とにかくはっきりしている」ことですが，いくつか注意すべき点を挙げてみましょう．

　まず母音 A, E, I, O, U です．これらは，ローマ字風に，ただし長く読めばよいのですが，**A** は口を大きくあけて[**アー**]，**O** はくちびるをまるめ，突き出して[**オー**]，**U** はもっとうんと突き出して[**ウー**]，**I** はくちびるをぐっと後ろの方にひっぱって[**イー**]，**E** は I より心もち口を開いて[**エー**]（すなわち日本語の[エ]よりも[イー]に近く）と発音してください．[エイ]とか[オウ]になってはいけません．B, C, D などもそれぞれ[ベイ]，[ツェイ]，[デイ]などにならないように注意してください．

　次に，J, V, W, Z の4文字です．**J** は[**ヨット**]，**Z** は[**ツェット**]，また，**V** と **W** は上の歯と下唇をかみ合わせて[**ファオ**][**ヴェー**]と発音します．ここで特に注意してほしいのが，それぞれの文字の呼び名と，単語の中での発音とが密接に関連しているという点です．たとえば「日本」を表すドイツ語の単語は，Japan と書きますが，語頭の Ja- は「ジャ」ではなく，「ヤ」と発音され，全体で[**ヤーパン**]と読まれます．アルファベットを正しく学ぶことは，ドイツ語の単語を読むための基礎としても非常に大切なのです．

　最後は，ＡＯＵ(ａｏｕ)の3文字に変音符゛がついたもの **Ä Ö Ü** (**ä ö ü**) です．これらは「変母音」と呼ばれます．発音の部で学んでください．

　筆記体は，ドイツ人独自のものもありますが，みなさんは，今まで通り英語風に書いて差しつかえありません．ただし，**ß** だけは英語にないので覚えなければなりません．矢印の方へ一筆書きします．この文字は語頭に用いられることがなく，したがって大文字がありません．ß の使い場所に関する説明は6ページにあります．また，**ä, ö, ü** および **ß** の4文字は，これらの文字のないタイプライターで打つ場合，それぞれ **ae, oe, ue** および **ss** と打ちます．

ドイツ語の発音と読み方

ドイツ語の文字は，ローマ字を読むように読みます．

Gast ［ガスト］ 客
Name ［ナーメ］ 名前

☆ 本書では，ドイツ語の読み方を表記するのに，カタカナを用います．ドイツ語の単語の読み方は，カタカナ表記にそって読むだけでも，十分に通じるのです．なお，太字はアクセントのある部分を示しますので，強く読んでください．

〈母音〉

ä / Ä（アー・ウムラウト）は口をすなおに開け，［エ］，［エー］と言えばよいので，日本語の［エ］，［エー］とだいたい同じです．

| Lärm | ［**レ**ルム］ 騒ぎ | Träne | ［ト**レ**ーネ］ 涙 |

ö / Ö（オー・ウムラウト）は口をまるめて，そのままの状態で［エー］と言うと出て来る音です．

| Köln | ［**ケ**ルン］ ケルン(都市名) | Öl | ［**エ**ール］ オイル |

ü / Ü（ウー・ウムラウト）は口笛を吹くように唇を前に突き出して，そのままの状態で［イー］と言うと出て来る音です．

| fünf | ［**フュ**ンフ］ 5（数） | grün | ［グ**リュ**ーン］ 緑の |

ei は[エイ]ではなく，[**アイ**]と読みます．

| Ei | [**ア**イ] 卵 | Arbeit | [**ア**ルバイト] 仕事 |

ie は[イエ]ではなく，[**イー**]と読みます．これは ei に劣らずよく出てくるつづりです．両者を見間違わないようにしてください．

| Brief | [ブ**リー**フ] 手紙 | Liebe | [**リー**ベ] 愛 |

eu, äu は[**オイ**]と読みます．

| neu | [ノイ] 新しい | heute | [ホイテ] 今日 |
| träumen | [トロイメン] 夢見る | | |

h は，母音の後ろに置かれる場合，前の母音を長く読めという記号です．

| gehen | [ゲーエン] 行く | Kuh | [ク**ー**] め牛 |

aa, ee, oo のように，母音が連続している場合，その母音はかならず長くのばし，[**アー**]，[**エー**]，[**オー**]と読みます．

| Haar | [ハール] 髪 | Tee | [テー] 茶 |
| Boot | [ボート] ボート | | |

〈子音〉

ch は，母音 **a, o, u, au** の後ろに来る場合，のどの奥の方から勢いよく吐き出す息の音を表します．これは寒いときに手に息を吐きかけるときの「ハーッ」という音に近いものです．この音を，前にある a, o, u, au に続けて発音すると，ach [アハ]，och [オホ]，uch [ウフ]，auch [アオホ]のようになります．

| Nacht | [ナハト] | 夜 | noch | [ノホ] | まだ |
| Buch | [ブーフ] | 本 | auch | [アオホ] | ～もまた |

母音 **a, o, u, au** の後ろ以外の場合は，[ヒ]と発音します．

| Märchen | [メールヒェン] | おとぎ話 | China | [ヒーナ] | 中国 |

語末の **r, -er** は[ア/アー]になります．

| Tür | [テューア] | ドア | Uhr | [ウーア] | 時計 |
| Lehrer | [レーラー] | 教師 | Vater | [ファーター] | 父 |

【注】定冠詞 der は[デア]，人称代名詞 er は[エーア]と発音することに注意．

語末の **b, d, g** は p, t, k と同じ発音[プ]，[ト]，[ク]になります．

| halb | [ハルプ] | 半分の | Freund | [フロイント] | 友人 |
| Berg | [ベルク] | 山 | | | |

ただし，語末の **-ig** は -ich のつもりで[イヒ]と発音します．

| Honig | [ホーニヒ] | はちみつ | ruhig | [ルーイヒ] | 静かな |

pf は[プ]と[フ]を別々に発音するのではなく，まず下唇を上の歯でしっかりかみ（[フ]を発音する構え），そのまま勢いよくプッと息を破裂させて発音します．

| Apfel | [アップフェル] | リンゴ | Kopf | [コップフ] | 頭 |

母音の前の **s** はにごって[**ズ**]になります.

  singen [**ズィンゲン**] 歌う Reise [**ライゼ**] 旅

ss も **ß** も共に[**ス**]と発音されます．両者の使い分けは，次のように規則化できます．

  短母音の後ろは **ss** ⇨ Fluss [フルス] 川 Tasse [タッセ] カップ
  長母音 ⎫
  複母音 ⎭ の後ろは **ß** ⇨ Fuß [フース] 足 beißen [バイセン] かむ

> 旧正書法では，前後に母音があって，前の母音が短い場合に ss（〈短母音 + ss + 母音〉），それ以外の場合に ß を用いる：
>
> 新正書法   旧正書法
> Fluss   Fluß
> * ともかく前の母音が短いから ss * 前の母音が短くても後ろに母音がないから ß

sch は英語の *sh* にあたるもので，日本語の場合よりも口をしっかりまるめ，より勢いよく[**シュ**]と発音します.

  Mensch [**メンシュ**] 人間 Schloss [**シュロス**] 城

tsch は[**チュ**]です．ドイツ語をやる人はぜひ覚えなければならないものです．

  Deutsch   [**ドイチュ**] ドイツ語
  Deutschland [**ドイチュラント**] ドイツ(国名)

語頭の **sp-, st-** は[**シュプ**]，[**シュト**]と発音されます．

  spielen [**シュピーレン**] 遊ぶ Stein [**シュタイン**] 石

j は[**ヤ**][**ユ**][**ヨ**]になります．

  ja [**ヤー**] はい（英 *yes*） Japan [**ヤーパン**] 日本
  Juni [**ユーニ**] 6月   Joga [**ヨーガ**] ヨガ

v は字の名前が[**ファオ**]ですから，つづりの中でもにごらず，f と同じ[**フ**]の音です．

| Vater | [**ファーター**] 父親 | Vogel | [**フォーゲル**] 鳥 |

w は名前の[**ヴェー**]から見当がつくように，英語の v にあたる[**ヴ**]の音です．

| Wein | [**ヴァイン**] ワイン | Wind | [**ヴィント**] 風 |

chs も **x** も[**クス**]になります．

| sechs | [**ゼックス**] 6 (数) | Taxi | [**タクスィ**] タクシー |

z も **tz** も **ts** も **ds** も[ズ]でなく[**ツ**]の音になります．z は文字自体の名前も[ゼット]でなく，[**ツェット**]でしたね．

| Zug | [**ツーク**] 列車 | Katze | [**カッツェ**] 猫 |
| nachts | [**ナハツ**] 夜に | abends | [**アーベンツ**] 夕方に |

以上，ドイツ語の一番特徴的なところだけを取り上げ説明しました．これらの規則だけでもしっかり頭に入れておけば，十分にドイツ語が読めます．なお，独特の読み方をする外来語もいくつかあります．それらに出会ったらその都度辞書で調べるようにしましょう．また，ドイツ語の発音をさらにしっかり学びたいと思う人は，CD を大いに利用してください．

言葉は口に出して覚えるのが一番です．発音もしっかり学んで下さいね

1 動詞の形 (1)

> 動詞は主語の種類に応じて語幹に異なった**語尾**をつけます．

語幹／語尾

Ich trinke Bier. 私はビールを飲む．
イッヒ トリンケ ビーア

Er trinkt Bier. 彼はビールを飲む．
エーア トリンクト ビーア

☆ 主語になる人称代名詞（単数）は次のようになります．

ich	［イッヒ］	私は / が	英 *I*	⇨ 1人称と呼びます （自分）
du	［ドゥー］	君は / が	英 *you*	⇨ 2人称と呼びます （相手）
er	［エーア］	彼は / が	英 *he*	
sie	［ズィー］	彼女は / が	英 *she*	⇨ 3人称と呼びます （第3者）
es	［エス］	それは / が	英 *it*	

☆ 主語の種類（人称）に応じて動詞がつける語尾は，次のようになります．

ich	—e
du	—st
er / sie / es	—t

—の部分は語幹です．
これらの語尾のついた動詞の形を**定形**（定動詞）といいます．

> er, sie, es にはいつも同じ語尾がつくよ

8

1

☆ 動詞の，語尾のついていない基になる形を，たとえば辞書などで示す場合，〈語幹＋-en〉の形にします．この形を**不定形**と呼びます．

定形　　　　　　　　不定形
trinke / trinkt　⇒　trinken

この形で辞書を引こう

● **練習**　次の動詞の語尾（あるいは語尾のついた形）を下線部に書き，次に不定形と発音，最後に意味を一つ辞書で調べて書きなさい．

① ich　denk___　　不定形 _____
　 du　_____　　発音 _____
　 er　_____　　意味 _____

② ich　kauf___　　不定形 _____
　 du　_____　　発音 _____
　 er　_____　　意味 _____

③ ich　koch___　　不定形 _____
　 du　_____　　発音 _____
　 er　_____　　意味 _____

-ch の発音に注意！

④ ich　lach___　　不定形 _____
　 du　_____　　発音 _____
　 er　_____　　意味 _____

⑤ ich　trink___　　不定形 _____
　 du　_____　　発音 _____
　 er　_____　　意味 _____

2 動詞の形 (2)

> 主語が複数の場合も，動詞に異なった**語尾**をつけます．

Wir trink**en** Bier.
ヴィーア トリンケン ビーア
私たちはビールを飲む．

Ihr trink**t** Wein.
イーア トリンクト ヴァイン
君たちはワインを飲む．

☆ 主語になる人称代名詞（複数）は次のようになります．

1人称	wir	［ヴィーア］	私たちは / が	英 *we*
2人称	ihr	［イーア］	君たちは / が	英 *you*
3人称	sie	［ズィー］	彼らは / が 彼女らは / が それらは / が	英 *they*

> 3人称単数の sie「彼女は / が」と形が同じことに気をつけて

☆ 主語が複数の場合，動詞の語尾は次のようになります．

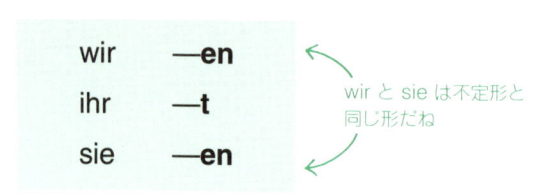

wir	—en
ihr	—t
sie	—en

wir と sie は不定形と同じ形だね

2

☆ 2人称には du / ihr 以外に Sie という形（常に大文字で書き始め，単複同形）があります．du / ihr は友人，恋人，家族，子供などに対して用いるもので**親称**，Sie は遠慮のいる他人に対して用いるもので**敬称**と呼びます．敬称の場合，動詞の変化形は常に3人称複数と同じです．

Ich lerne Deutsch, aber Sie *lernen* Englisch.
　　レルネ　　ドイチュ　　　アーバー　ズィー　　　　エングリッシュ
私はドイツ語を学ぶが，あなたは英語を学ぶ．

> Ich lerne Deutsch, aber sie *lernt* Englisch.
> 私はドイツ語を学ぶが，彼女は英語を学ぶ．
> Ich lerne Deutsch, aber sie *lernen* Englisch.
> 私はドイツ語を学ぶが，彼らは英語を学ぶ．

（1課の練習の単語だよ）

練習　次の動詞の適当な形を下線部に書きなさい．

① denken ［デンケン］考える
　wir ＿＿＿＿＿
　ihr ＿＿＿＿＿
　sie ＿＿＿＿＿
　Sie ＿＿＿＿＿

② kaufen ［カオフェン］買う
　wir ＿＿＿＿＿
　ihr ＿＿＿＿＿
　sie ＿＿＿＿＿
　Sie ＿＿＿＿＿

③ kochen ［コッヘン］料理する
　wir ＿＿＿＿＿
　ihr ＿＿＿＿＿
　sie ＿＿＿＿＿
　Sie ＿＿＿＿＿

④ lachen ［ラッヘン］笑う
　wir ＿＿＿＿＿
　ihr ＿＿＿＿＿
　sie ＿＿＿＿＿
　Sie ＿＿＿＿＿

ワンポイントアドバイス

人称代名詞

☆ 日本語の人称代名詞は1人称だけでも「おれ」「ぼく」「わたくし」などと多様ですが，ドイツ語の人称代名詞は8つ(敬称を入れても10)です．
ich du er ...

☆ ドイツ語の人称代名詞で少し難しいのは，2人称の「親称 (du / ihr)」と「敬称 (Sie)」だけです．敬称の Sie は語源的に，相手を間接的に指すために3人称複数の sie から転用したものなのです．日本語の「あなた」も，「あちらの方」とか「向こう」という意味からの転用ですね．

☆ 本書では du / ihr を「君(たち)」，Sie を「あなた(方)」と訳してありますが，この訳語は便宜的なものです．たとえば，妻が夫に，また子供が親に話しかける場合，ドイツ語では du を用いますが，これを「君」と訳してはまずいですね．このように日本語の訳語は必ずしもドイツ語の用法にぴったり対応しないのです．その大きな理由の一つとして，ドイツ語の場合，相手が du / ihr で話しかければ，こちらも du / ihr を用いるのに対して，日本語ではふつうその場の社会的関係で人称代名詞を使い分けるということが挙げられるかも知れません．日本語では先生が学生に「君」と呼びかけたからと言って，学生が先生に対して「君」と言ってはまずいですね．ドイツ語では相手が先生であろうが学生であろうが，一方が du を用いるならば，こちらも du を用いてかまわないのです．

☆ ドイツの子供たちは始め du / ihr を学び，「大人」になるにつれて(ふつう15歳から17歳の間に)，Sie で話しかけられるようになるのですが，ドイツ語を外国語として学ぶ私たちは最初は Sie を用いて，そして親しくなるにつれて，du / ihr を用いるようになります．ドイツ語の習いたての頃は，Sie の方が人称変化が簡単で，使いやすいと思うのですが，慣れてくると，du / ihr の方が気持ちもこもるような気がして，自然に du / ihr が使いたくなります．

☆ 日常の挨拶

おはよう	Guten Morgen! グーテン　モルゲン	
こんにちは	Guten Tag! ターク	Grüß Gott!（南ドイツ）グリュース　ゴット
こんばんは	Guten Abend! アーベント	
おやすみ	Gute Nacht! グーテ　ナハト	
どうぞ	Bitte! ビッテ	
喜んで	Gern! ゲルン	
ありがとう	Vielen Dank! フィーレン　ダンク	Danke schön! ダンケ　シェーン
ごめんなさい	Entschuldigung! エントシュルディグング	Verzeihung! フェアツァイウング
どう致しまして	Bitte schön!	Gern geschehen! ゲシェーエン
いただきます	Guten Appetit! アペティート	Mahlzeit! マールツァイト
さようなら	Auf Wiedersehen! アオフ　ヴィーダーゼーエン	
	Tschüs!（口語）チュス	Mach's gut!（口語）マハス　グート

Z先生のステップアップ・ゼミ

動詞の形

1 （まとめ）動詞は，主語の人称（1人称，2人称，3人称）および数（単数，複数）に応じて語尾を変えます．このことを動詞の**人称変化**と呼びます．

	単数		複数	
1人称	ich	—**e**	wir	—**en**
2人称（親称）	du	—**st**	ihr	—**t**
3人称	er / sie / es	—**t**	sie	—**en**
2人称（敬称）	Sie	—**en**	Sie	—**en**

> e–st–t–en–t–en
> エ スト テン テン
> と覚える

☆ 動詞 **sein**（英 *be*），**haben**（英 *have*），**werden**（英 *become*）

□ **sein**［ザイン］「…である」

ich	**bin** ビン	wir	**sind** ズィント
du	**bist** ビスト	ihr	**seid** ザイト
er	**ist** イスト	sie	**sind**
Sie	**sind**		Sie	**sind**

□ **haben**［ハーベン］「持っている」

ich	**habe** ハーベ	wir	**haben**
du	**hast** ハスト	ihr	**habt** ハープト
er	**hat** ハット	sie	**haben**
Sie	**haben**		Sie	**haben**

Er ist Arzt. 彼は医者です．
　　　アールツト

Er hat Hunger. 彼は空腹です．
　　　フンガー

[2] 不定形が -en ではなく，-n で終わる動詞があります．数は多くないので，そのつど暗記してください(46 ページの〈e の削除〉も参照)．

angeln 釣りをする
アンゲルン

rudern ボートを漕ぐ
ルーダーン

~~angelen~~
~~ruderen~~

これらの，特に -eln で終わる動詞の場合，ich では，語尾の e を必ず削除します．-ern の場合は任意です．また，1・3 人称複数で，語尾は -en ではなく，-n になります．

CD 9

ich angle　　　wir / sie angeln
アングレ

ich rud[e]re　　wir / sie rudern
ルーデレ / ルードゥレ

□ werden ［ヴェーアデン］「…になる」

ich werde	wir werden
ヴェーアデ	
du **wirst**	ihr werdet
ヴィルスト	ヴェーアデット
er **wird**	sie werden
ヴィルト	
Sie werden	Sie werden

この 3 つは確実におぼえよう

Er wird Arzt.　彼は医者になる．

3 平叙文と疑問文

> ドイツ語では動詞は**第 2 位**に置かれます。

2位
Er **lernt** jetzt fleißig Deutsch.
エーア レルント イェッツト フライスィヒ ドイチュ
彼は今まじめにドイツ語を学んでいる．

☆ 平叙文（「…は…です」というようなふつうの文）を作る場合，語句を日本語と同じ順序で並べ，末尾の動詞を文頭から**2 番目**の位置（第 2 位）に置いて作ります．主語が文頭に置かれるとは限りません．

彼は		いま	まじめに	ドイツ語を	学ぶ．
er		jetzt	fleißig	Deutsch	**lernen**

Er **lernt** jetzt fleißig Deutsch.

いま		彼は	まじめに	ドイツ語を	学ぶ．
jetzt		er	fleißig	Deutsch	**lernen**

Jetzt **lernt** er fleißig Deutsch.

☆ 決定疑問文（yes か no の答えを求める疑問文）は，まず，語句を日本語と同じ順序で並べ，次に，末尾の動詞（定形）を**文頭**に置いて作ります．

	彼は	まじめに	ドイツ語を	学びます	か．	
	er	fleißig	Deutsch	**lernen**	?	音調は上げる！

Lernt er fleißig Deutsch ?

3

☆ 補足疑問文(疑問詞を用いる疑問文)は，まず，語句を日本語と同じ順序で並べ，次に，疑問詞を文頭に，最後に，末尾の動詞を第2位に置いて作ります．

いつ	彼は	ドイツ語を	学びます	か．
wann	er	Deutsch	**lernen**	?

音調は下げる！

Wann lernt er Deutsch ?
ヴァン

ドイツ語には現在進行形がありません．「…している」という場合でも現在形を使います

練習　文を作りなさい．

① まじめに彼はドイツ語を学んでいます．
___

② ドイツ語を彼はまじめに学んでいます．
___

③ 彼はいままじめにドイツ語を学んでいますか．
___

④ 何を彼はまじめに学んでいますか．
___

英語の *do* にあたるような助動詞は用いません

☆ 疑問詞

wo どこ	warum なぜ	wie どのように
ヴォー	ヴァルム	ヴィー
wer 誰が	wen 誰を	was 何が / 何を
ヴェーア	ヴェーン	ヴァス

17

次のステップへすすむために

名詞の「文法上の性」

☆ 名詞にはかならず**文法上の性**があって，**男性**，**女性**，**中性**(したがって，男性名詞，女性名詞，中性名詞)の3つに分けられます．物事を表す名詞にも文法上の性があります．

☆ 名詞の性に応じて，次のように冠詞の形が異なります．

				the　　a, an	
Vater ファーター	父親	⇨	男性名詞	⇨	**der / ein** Vater デア　アイン
Mutter ムッター	母親	⇨	女性名詞	⇨	**die / eine** Mutter ディー　アイネ
Kind キント	子供	⇨	中性名詞	⇨	**das / ein** Kind ダス　アイン

　　　　　　　　　　　　　　　　　定冠詞　　不定冠詞

● **練習**　次の下線部に定冠詞と不定冠詞を補いなさい．

① ____ / ____ Freund
　　　　　　　フロイント

② ____ / ____ Baum
　　　　　　　バオム

③ ____ / ____ Frau
　　　　　　　フラオ

④ ____ / ____ Blume
　　　　　　　ブルーメ

⑤ ____ / ____ Mädchen
　　　　　　　メートヒェン

⑥ ____ / ____ Buch
　　　　　　　ブーフ

名詞の性の決め方

文法上の性は本来，語の意味から男性的なもの(力強い，大きい)とみなされるものは「男性」，女性的なもの(やさしい，弱々しい)とみなされるものは「女性」というように，それなりに規則的に決められていたと考えられるのです．時代と共に基準があいまいになり，現状のような恣意性の強いものになったのです．

☆ das Gesicht 顔
ゲズィヒト

- das Haar 髪 ハール
- das Auge 目 アオゲ
- der Kopf 頭 コップフ
- die Nase 鼻 ナーゼ
- das Ohr 耳 オーア
- der Zahn 歯 ツァーン
- der Mund 口 ムント
- der Hals 首 ハルス

冠詞に注意！

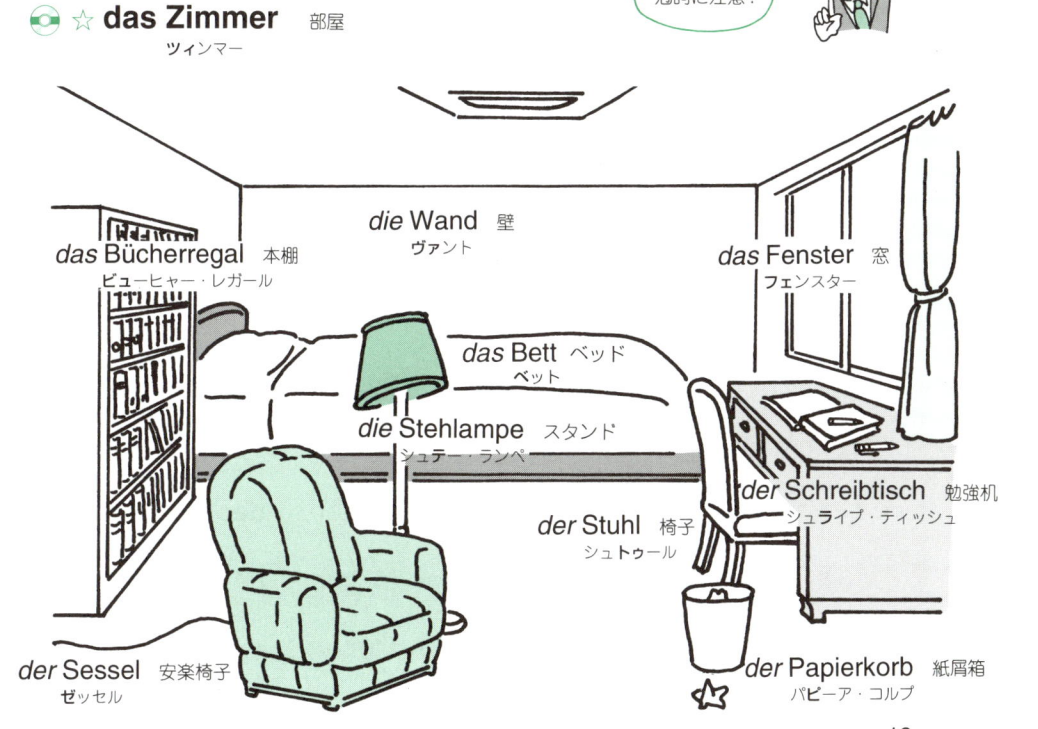

☆ das Zimmer 部屋
ツィンマー

- das Bücherregal 本棚 ビューヒャー・レガール
- die Wand 壁 ヴァント
- das Fenster 窓 フェンスター
- das Bett ベッド ベット
- die Stehlampe スタンド シュテー・ランペ
- der Schreibtisch 勉強机 シュライブ・ティッシュ
- der Stuhl 椅子 シュトゥール
- der Sessel 安楽椅子 ゼッセル
- der Papierkorb 紙屑箱 パピーア・コルプ

4 名詞の形 (1)

「父が」とか「父を」などという場合，**冠詞の形を変えて表現します．**

父は / が ⇨ **der** Vater
　　　　　　　デア　ファーター

父を ⇨ **den** Vater
　　　　　デン　ファーター

定冠詞だよ

☆ ドイツ語では，「…が」とか「…を」とか言う場合，冠詞と名詞の形を変えて表現します．日本語の格助詞「…は / が，…の，…に，…を」に対応して変化した形を**格**と呼びます．

☆ 格は，**1 格**(=「…は / が」)，**2 格**(=「…の」)，**3 格**(=「…に」)，**4 格**(=「…を」) の 4 つです．

☆ **定冠詞**(英 the)をつけた名詞の格形を挙げます．文法上の性に応じても形が変わることに注意．ただし，冠詞が大きく変わる一方，名詞は男性，中性の 2 格で **-s** あるいは **-es** がつくだけです．

		男性	女性	中性
1 格	…は / が	**der** Vater デア	**die** Mutter ディー　ムッター	**das** Kind ダス　キント
2 格	…の	**des** Vater**s** デス　ファータース	**der** Mutter	**des** Kind**es** キンデス
3 格	…に	**dem** Vater デム	**der** Mutter	**dem** Kind
4 格	…を	**den** Vater デン	**die** Mutter	**das** Kind

4

☆ 2格の語尾 -s と -es の相違は口調上の問題です．1音節の場合には -es を，2音節以上の場合は -s を用いるのが原則です．

  Kind ⇨ 1音節 ⇨ だから **-es**

  Vater ⇨ 2音節 ⇨ だから **-s**

しかし，例外もあるので，辞書で2格の形を確かめる習慣をつけてください．なお，2格は修飾する語句の後ろに置かれます．

  der Hut **des Vaters** 父の帽子

  フート

うしろから

Vaterと2音節

☆ 1格，2格，3格，4格の格に応じて，名詞（および冠詞）の形の変わることを**格変化**と呼びます．

練習1 次の名詞を格変化させなさい．

1格	der	Freund	die	Blume	das	Buch
2格	___	_____	___	_____	___	_____
3格	___	_____	___	_____	___	_____
4格	___	_____	___	_____	___	_____

練習2 次の下線部に適当な語尾を補いなさい．

CD 14

① D___ Vogel fliegt schnell. 鳥は速く飛ぶ．
  フォーゲル シュネル

② Ich kaufe d___ Buch. 私はその本を買う．
  カオフェ ブーフ

③ Die Farbe d___ Autos ist rot. その自動車の色は赤です．
  ファルベ アオトース ロート

④ Er dankt d___ Lehrer herzlich. 彼は先生に心から礼を言う．
  ダンクト レーラー ヘルツリヒ

5 名詞の形 (2)

ドイツ語は**不定冠詞**も格変化します．

父は / が ⇨ ein Vater　1格
　　　　　　　アイン ファーター

父を　　 ⇨ einen Vater
　　　　　　　アイネン ファーター　4格

☆ 不定冠詞（英 a, an）の格変化

	男性	女性	中性
1格	**ein** Vater アイネ	**eine** Mutter ムッター	**ein** Kind アイン キント
2格	**eines** Vater**s** アイネス	**einer** Mutter アイナー	**eines** Kind**es** キンデス
3格	**einem** Vater アイネム	**einer** Mutter	**einem** Kind
4格	**einen** Vater アイネン	**eine** Mutter	**ein** Kind

2格に注意!

男性弱変化名詞

一部の名詞は，例外的に2格，3格，4格で一律，語尾 -en をつけます．これらの名詞を男性弱変化名詞と呼びます．この種の名詞は，そのつどそのまま暗記しましょう．

1格	der / ein	Student	［シュトゥデント］学生
2格	des / eines	Student**en**	［シュトゥデンテン］
3格	dem / einem	Student**en**	
4格	den / einen	Student**en**	

5

練習1 次の名詞を格変化させなさい．

1格	ein Freund	eine Blume	ein Buch
2格	____ ____	____ ____	____ ____
3格	____ ____	____ ____	____ ____
4格	____ ____	____ ____	____ ____

練習2 次の下線部に適当な語尾を補いなさい．

① 君はブラウスを必要としますか．—はい，私はブラウスを必要とします．

Brauchst du ein____ Bluse?
ブラオホスト　　　　ブルーゼ　　　　4格

– Ja, ich brauche ein____ Bluse.
ヤー　　ブラオヘ

② 君たちは車を必要としますか．—はい，私たちは車を必要とします．

Braucht ihr ein____ Auto?
ブラオホト　イーア　　アオトー

– Ja, wir brauchen ein____ Auto.
ヴィーア

語尾がつかないこともあるよ

③ あなたは傘を必要としますか．—はい，私は傘を必要とします．

Brauchen Sie ein____ Schirm?
　　　　　　　　　シルム

– Ja, ich brauche ein____ Schirm.

④ 彼女は何を買いますか．—彼女はブラウスを買います．

Was kauft sie? – Sie kauft ein____ Bluse.
ヴァス　カオフト

⑤ 彼は何を買いますか．—彼は傘を買います．

Was kauft er? – Er kauft ein____ Schirm.

ドイツ語とはこんな言葉

☆ ドイツ語は,「ドイツ連邦共和国」以外でも,オーストリアをはじめ,スイス,リヒテンシュタイン,ルクセンブルクで公用語として用いられています.また,ベルギー,ドイツと国境を接するフランスのアルザス地方,イタリアのチロル地方,チェコのベーメン地方でもドイツ語が話されていますが(一度,これらの地方を地図でぜひ確かめてください),さらには,アメリカ合衆国,カナダ,南米,オーストラリアにもドイツ語を話すグループが存在します.このように,ドイツ語が話される地域は「ドイツ」だけではなく,世界各地に広がっています.なお,ドイツ語の話される地域を総称して「ドイツ語圏」と言うことがよくあります.

☆ ドイツ語の使用人口は世界全体で約1億1千万人,世界第9位で,日本語とほぼ同じです.ヨーロッパ地域だけに限った場合,その数は約9千2百万人で,ロシア語の1億百万人につづいてヨーロッパの言語のなかでは第2位です.したがって,ドイツ語は英語,フランス語,イタリア語よりも使用人口の多い重要な言語ということになります.ちなみに,他の主な言語についてみますと,使用人口のもっとも多い言語は中国語で,約9億人,次が英語で3億2千万人です.

☆ ヨーロッパにも，たくさんの言語がありますが，それらのなかでもドイツ語と英語はもっとも近い親戚関係にあります．このことは，たとえば非常に似た単語があることからも見てとることができます．実例 2, 3 を挙げてみましょう．

《英　語》			《ドイツ語》	
name	名前	⇨	Name	［ナーメ］
water	水	⇨	Wasser	［ヴァッサー］
father	父	⇨	Vater	［ファーター］

しかし，似ているということは同一ということではありません．へたに英語の知識を利用しようとして，へんな間違いをしないように注意してください．

言ってみよう！

☆ 覚えておくとよい言い回し

相手によって du と Sie を使い分けよう

Wie geht es Ihnen?
ヴィー　ゲート　　イーネン

Wie geht's?
ゲーツ

ご機嫌いかがですか．

Wie heißen Sie?
ハイセン

Wie heißt du?
ハイスト

お名前はなんと言いますか．

Wie alt sind Sie?
アルト ズィント

Wie alt bist du?
ビスト

何歳ですか．

Wo wohnen Sie?
ヴォーネン

Wo wohnst du?
ヴォーンスト

どこに住んでいますか．

6 動詞の形 (3)

動詞の語尾が微妙に異なることがあります。**語尾の e** に注意！

CD 18

Du **arbeitest** fleißig.　君はまじめに働く．
ドゥー アルバイテスト フライスィヒ

Er **arbeitet** fleißig.　彼はまじめに働く．
エーア アルバイテット フライスィヒ

☆ 語幹が **-d, -t** で終わる動詞の場合，du / er / ihr の人称語尾は -st / -t ではなく，**-est / -et** にします．挿入する e を**口調上の e** と呼びます．

[不定詞] warten 待つ　　　　　　baden 入浴する
　　　　 ヴァルテン　　　　　　　バーデン

du	**wartest**	du	**badest**
	ヴァルテスト		バーデスト
er / ihr	**wartet**	er / ihr	**badet**
	ヴァルテット		バーデット

口調上の e!

☆ 語幹が **-s, -ß, -z** で終わる動詞の場合，du の人称語尾が -st ではなく，**-t** になります．er の場合と同じ形になります．

[不定詞]　　　　　　　　同じ

reisen　　du **reist**　　(er reist)
ライゼン　　　ライスト

grüßen　　du **grüßt**　　(er grüßt)
グリューセン　　グリュースト

tanzen　　du **tanzt**　　(er tanzt)
タンツェン　　タンツト

不定形の動詞を不定詞と呼びます

6

練習 次の下線部に適当な語尾を補いなさい.

① あなたはなんというお名前ですか.
　—私は渥美清という名前です.（heißen [ハイセン]「…という名前です」）

　Wie heiß___ Sie? – Ich heiß___ Kiyoshi Atsumi.
　ヴィー

② 君はなんという名前ですか. —私は田中花子という名前です.

　Wie heiß___ du? – Ich heiß___ Hanako Tanaka.

③ 谷さんはどこで働いているのですか.
　—彼はボンで働いています.（arbeiten [アルバイテン]「働く」）

　Wo arbeit___ Herr Tani?
　ヴォー

　– Er arbeit___ in Bonn.

英語の *in* と同じ

④ 君たちの着陸するのは成田ですか羽田ですか.
　—私たちは成田に着陸します.（landen [ランデン]「着陸する」）

　Land___ ihr in Narita oder in Haneda?
　　　　　イーア

　– Wir land___ in Narita.

or

ドイツ語の格変化は，男性単数を除いて，1格と4格が同形です．形が同じであるということは，両者が同時に文中に現れると，区別がつかないことになりますが，現実にはそれほど困りません．多くは，文意や文脈から両者の区別がつきます．

ⓐ Die Katze leckt die Hand.　　猫は手をなめる．
　 カッツェ　レクト　　ハント

ⓑ Die Hand leckt die Katze.　　手を猫がなめる．❓

7 動詞の形 (4)

> 一部の動詞は du と er のところで**幹母音を変化**させます．

CD 20

Ich **fahre** nach* Berlin.
イッヒ ファーレ ナーハ ベルリーン
私はベルリンに行く．

Er **fährt** nach Berlin.
エーア フェーアト ナーハ ベルリーン
彼はベルリンに行く．

* nach は「…へ」という意味の前置詞（☞ 8 課）

☆ 幹母音の **a** を **ä** に変える動詞の人称変化

[不定詞]
fahren
ファーレン
（乗り物で）行く

ich	fahre	wir	fahren
du	**fährst** フェーアスト	ihr	fahrt ファールト
er	**fährt**	sie	fahren

> 不規則なのは du と er だけ

☆ 幹母音の **e** を **i** あるいは **ie** に変える動詞の人称変化

[不定詞]
sehen
ゼーエン
見る

ich	sehe ゼーエ	wir	sehen
du	**siehst** ズィースト	ihr	seht ゼート
er	**sieht** ズィート	sie	sehen

7

練習 （　）内の動詞を適当な形にして，下線部に入れなさい．

① シュミットさんは何をしていますか．
―シュミットさんは車を洗っています．
（**waschen** [ヴァッシェン]「洗う」）

　　ドイツ語には現在進行形がなく，現在形で表すのでしたね！

Was macht Herr Schmidt? – Er ＿＿＿＿＿ ein Auto.
　　マハト　ヘア　シュミット　　　　　　　　　　アオトー
　　　　　　　Mr.

② 猫は何をしていますか．
―猫はねずみを捕まえています．（**fangen** [ファンゲン]「捕まえる」）

Was macht die Katze? – Die Katze ＿＿＿＿＿ eine Maus.
　　　　　　　　カッツェ　　　　　　　　　　　　　　マオス

③ なぜ彼はめがねが必要なのですか．―彼は目が悪いのです．
（**sehen** [ゼーエン]「見る」; **schlecht** [シュレヒト]「不十分な状態で」）

Warum braucht er eine Brille? – Er ＿＿＿＿＿ schlecht.
ヴァルム　ブラオホト　　　　　ブリレ

④ 君は何を食べるのが好きですか．
―私は肉を食べるのが好きです．（**essen** [エッセン]「食べる」）

Was ＿＿＿＿＿ du gern? – Ich ＿＿＿＿＿ gern Fleisch.
　　　　　　　　　　ゲルン　　　　　　　　　　　　フライシュ
　　　　　　　　　　　　　　喜んで

⑤ 君は明日どこに行きますか．
―私は明日京都に行きます．（**fahren** [ファーレン]「(乗り物で)行く」）

Wohin ＿＿＿＿＿ du morgen?
ヴォヒン　　　　　　モルゲン

– Ich ＿＿＿＿＿ morgen nach Kyoto.

wohin と nach はセットで覚えよう

⑥ 彼はきょうどこに行きますか．―彼はきょう東京に行きます．

Wohin ＿＿＿＿＿ er heute?
　　　　　　　　　　ホイテ

– Er ＿＿＿＿＿ heute nach Tokyo.

29

8 前置詞の格支配 (1)

前置詞と結びつく名詞はかならず **4格**か**3格**か**2格**になります。

CD 22

Er kommt **aus dem** Zimmer.
エーア コムト アオス デム ツィンマー
彼は部屋から出てくる。 ← 3格

A 4格と結びつく前置詞 ← 4格支配

| **durch** ドゥルヒ | …を通って | durch die Tür テューア | ドアを通って |
| **für** フューア | …のために | für die Familie ファミーリエ | 家族のために |

発音に注意!

B 3格と結びつく前置詞 ← 3格支配

| **mit** ミット | …で | mit dem Zug ツーク | 列車で |
| **nach** ナーハ | …の後に | nach dem Essen エッセン | 食事の後に |

C 2格と結びつく前置詞 ← 2格支配

| **statt** シュタット | …の代わりに | statt einer CD ツェーデー | CDの代わりに |
| **während** ヴェーレント | …の間 | während des Essens | 食事の間 |

30

8

練習 1 次の下線部に適当な格語尾を補いなさい.

① 家族はテーブルの回りに座っている.　　　　　　　　　▶4格
　Die Familie sitzt um d___ Tisch.　（男性）

② 彼は昼食後いつも眠ります.　　　　　　　　　　　　　▶3格
　Er schläft immer nach d___ Mittagessen.　（中性）

③ 君は列車で行くの，それともバスで行くの.　　　　　　▶3格
　Fährst du mit d___ Zug oder mit d___ Bus?　（or／男性）

④ 勤務時間中は喫煙は禁止されています.　　　　　　　　▶2格
　Während d___ Arbeitszeit ist das Rauchen verboten.　（女性）

練習 2 次の下線部に適当な前置詞を入れなさい.

① 彼はペーターとウィーンに行く.
　Er fährt _____ Peter _____ Wien.

② 誰のためにそのワインを買うのですか.
　_____ wen kaufst du den Wein ?

③ その道路は公園の真ん中を通っている.
　Die Straße geht mitten _____ den Park.

④ 彼はいまでもなお郵便局で働いています.
　Er arbeitet immer noch _____ der Post.

bei (3格)
für (4格)
nach (3格)
mit (3格)
durch (4格)

9 前置詞の格支配 (2)

> 一部の前置詞は，用法に応じて**4格**とも**3格**とも結びつきます．

Das Kind geht **in den** Park. （4格）
ダス　キント　ゲート　イン デン　パルク
子供は公園に行く．

Das Kind spielt **in dem** Park. （3格）
ダス　キント　シュピールト　イン デム　パルク
子供は公園で遊ぶ．

☆ 「どこそこへ」と，**方向**を表す場合は4格，「どこそこで」と，**位置**を表す場合は3格と結びつきます．

（4格）方向 …へ

（3格）位置 …で

☆ この種の前置詞は次の9つです．

an アン	…の側へ / で	auf アオフ	…の上へ / で
hinter ヒンター	…の後ろへ / で	in イン	…の中へ / で
neben ネーベン	…の横へ / で	über ユーバー	…を越えて / の上で
unter ウンター	…の下へ / で	vor フォーア	…の前へ / で
zwischen ツヴィッシェン	…の間へ / で		

9

練習1 次の下線部に適当な格語尾を補いなさい.

① 彼は花びんをテーブルの上に置く.
   Er stellt eine Vase auf d___ Tisch.
   　シュテルト　　　ヴァーゼ　　　　　ティッシュ

　　　　　　　　　　　　　　　　　　男性名詞／方向

② 花びんはテーブルの上に置かれている.
   Die Vase steht auf d___ Tisch.
   　　　　シュテート

　　　　　　　　　　　　　　　　　　位置

練習2 次の下線部に適当な格語尾を補いなさい.

① 学食に行くのですか. —いいえ, 図書館に行きます.
   Gehst du in d___ Mensa? – Nein, in d___ Bibliothek.
   　　　　　　　　　メンザ　　　ナイン　　　　　ビブリオテーク

　　　　　　　　　　　　　　　　　　女性名詞

② どこに君はカレンダーをかけますか. —ドアにかけます.
   Wohin hängst du den Kalender? – An d___ Tür.
   ヴォヒン　ヘングスト　　　　カレンダー　　　　　　　テューア

③ どこにカレンダーはかかっていますか. —ドアにかかっています.
   Wo hängt der Kalender? – An d___ Tür.

④ どこにじゅうたんを敷きましょうか. —長椅子の前です.
   Wohin legen wir den Teppich? – Vor d___ Couch.
   　　　レーゲン　　　　テッピヒ　　　　　　　カオチ

　　　　　　　　　　　　　　　　　　女性名詞

⑤ どこにじゅうたんは敷いてありますか. —長椅子の前です.
   Wo liegt der Teppich? – Vor d___ Couch.
   　　リークト

33

ドイツ語の数 (1) 基数

1	eins	不定冠詞に -s をつけたもの. ei は[アイ]. [**ア**インス].
2	zwei	z は[ツ], w は[ヴ]ですから[ツ**ヴァ**イ].
3	drei	[**ド**ライ].
4	vier	v は[フ], ie は[イー]. 語尾の -r は母音化し[**フィー**ア].
5	fünf	口を十分に突き出して[**フュ**ンフ].
6	sechs	母音の前の s は有声音. chs は[クス]. 全体で[**ゼ**ックス]. にごる
7	sieben	ie は[イー]. [**ズィー**ベン].
8	acht	a, o, u, au の後の ch は[ハ]. [**ア**ハト].
9	neun	eu は[オイ]. [**ノ**イン].
10	zehn	(母音の後の) h は前の母音を長く発音させるための記号. [**ツェー**ン].
11	elf	[**エ**ルフ].
12	zwölf	[ツ**ヴェ**ルフ].

zwei の zw [ツヴ] を思い出す!

「13」以上は, 原則として 1 桁の数字に -zehn を添えます.

13	dreizehn	[ドライツェーン].
14	vierzehn	vier- が [フィル] と短くなり[**フィ**ルツェーン].
15	fünfzehn	[**フュ**ンフツェーン].
16	sechzehn	「6」は sechs ですが -s がとれる. [**ゼ**ヒツェーン]. ch「ヒ」に注意.
17	siebzehn	「7」は sieben. 語尾の -en をとり zehn をつける. 発音も[**ズィー**プ]と[プ]の音になり[**ズィー**プツェーン].

13 = 3 + 10
dreizehn drei- zehn

発音に注意!

18	achtzehn	発音は[アハトツェーン]ではなく，-tz- をくっつけ[ツ]と読み，[**ア**ハツェーン]．
19	neunzehn	[**ノ**インツェーン]．

10 の位の数は，基数に -zig [ツィヒ]をつける．ただし，20 は zweizig ではなく zwanzig [ツ**ヴァ**ンツィヒ]．また，30 は -ßig をつける．40, 80 では発音に，60, 70 ではつづりと発音に注意．

20	zwanzig	[ツ**ヴァ**ンツィヒ]	30	dreißig	[**ド**ライスィヒ]
40	vierzig	[**フィ**ルツィヒ]	50	fünfzig	[**フュ**ンフツィヒ]
60	sechzig	[**ゼ**ヒツィヒ]	70	siebzig	[**ズィー**プツィヒ]
80	achtzig	[**ア**ハツィヒ]	90	neunzig	[**ノ**インツィヒ]

次に，それぞれの間の数．原則は 1 の位の数を先に言い，次に und を入れ，それから 10 の位の数を言う．すなわち《1 の位の数 und 10 の位の数》になる．ただし 1 が eins でなく ein になることに注意．

	1 の位	10 の位
21 =	1 und	20

21	einundzwanzig **ア**イン**ウ**ント**ツヴァ**ンツィヒ		22	zweiundzwanzig ツ**ヴァ**イ**ウ**ントツ**ヴァ**ンツィヒ
33	dreiunddreißig **ド**ライ**ウ**ント**ド**ライスィヒ		34	vierunddreißig **フィー**ア**ウ**ント**ド**ライスィヒ
88	achtundachtzig **ア**ハト**ウ**ント**ア**ハツィヒ		99	neunundneunzig **ノ**イン**ウ**ント**ノ**インツィヒ
100	[ein]hundert [**ア**イン]**フ**ンダート		102	[ein]hundertzwei [**ア**イン]**フ**ンダートツ**ヴァ**イ
203	zweihundertdrei ツ**ヴァ**イ**フ**ンダート**ド**ライ		304	dreihundertvier **ド**ライ**フ**ンダート**フィー**ア
1 000	[ein]tausend [**ア**イン]**タ**オゼント		10 000	zehntausend **ツェー**ン**タ**オゼント
10 万	[ein]hunderttausend		百万	eine Million ミ**リオー**ン

1000が100個で10万　　　1000が10個で1万

10 名詞の複数形

名詞には，単数形と**複数形**があります．

CD 26

一人の子供　　　　　二人の子供
ein Kind　⇨　zwei Kind**er**
アイン キント　　　　ツヴァイ キンダー
　　　　　　　　　　　　　two

☆ 複数形には，次の 5 つのタイプがあります．個々の名詞がどのタイプに属するかは原則的に単数形から類推できません．

	単数		複数
単数複数同形	Lehrer レーラー	先生	Lehrer
	Apfel アップフェル	リンゴ	Äpfel エップフェル
-er 式	Kind キント	子供	Kinder キンダー
	Buch ブーフ	本	Bücher ビューヒャー
-e 式	Hund フント	犬	Hunde フンデ
	Sohn ゾーン	息子	Söhne ゼーネ
-n / -en 式	Frau フラオ	女性	Frauen フラオエン
	Insel インゼル	島	Inseln インゼルン
-s 式	Auto アオトー	自動車	Autos アオトース

ウムラウトするものもあるよ

s 式は外来語

10

● **練習** 次の名詞の複数形を(意味も調べ)書きなさい.

① Rose _____ [   ]　② Fenster _____ [   ]
　ローゼ　　　　　　　　　　　　フェンスター

③ Bett _____ [   ]　④ Freund _____ [   ]
　ベット　　　　　　　　　　　　フロイント

⑤ Ball _____ [   ]　⑥ Haus _____ [   ]
　バル　　　　　　　　　　　　　ハオス

Vater　Mutter　Söhne　Papageien
Töchter

● **前置詞の融合形**

一部の前置詞は定冠詞と融合して用いられます.

in + das	⇒ **ins** インス	Morgen gehen wir ins Kino. キーノ
		明日私たちは映画を見に行きます.
in + dem	⇒ **im** イム	Heute essen wir im Restaurant. レストラーン
		きょう私たちはレストランで食事をします.
zu + dem	⇒ **zum** ツム	Fährt der Bus zum Flughafen? フルーク・ハーフェン
		このバスは空港に行きますか.
zu + der	⇒ **zur** ツーア	Fährst du mit dem Auto zur Uni? ウーニ
		車で大学に行きますか.

その他　an + das ⇒ **ans**　　an + dem ⇒ **am**
　　　　bei + dem ⇒ **beim**　durch + das ⇒ **durchs**
　　　　für + das ⇒ **fürs**　　um + das ⇒ **ums**

11 複数形の格変化

> 複数の格変化は **3 格**で **n** をつけるだけです．

Sie spielt mit den Kindern.
ズィー シュピールト ミット デン キンダーン
彼女は子供たちと遊ぶ．
（3格）

☆ 複数の場合，定冠詞の格変化は，文法上の性に関係なく，一種類です．なお，不定冠詞の複数形はありません．

単数	1格	der Lehrer	das Kind
複数	1格	**die** Lehrer	die Kinder
	2格	**der** Lehrer	der Kinder
	3格	**den Lehrern**	**den Kindern**
	4格	**die** Lehrer	die Kinder

↑ この一種類

> 3格でnをつけるだけ

☆ 複数形の語尾が -[e]n あるいは -s の場合，3 格でも何の語尾もつけません．

単数	1格	die Frau	das Auto
複数	1格	die Frauen	die Autos
	2格	der Frauen	der Autos
	3格	**den Frauen**	**den Autos**
	4格	die Frauen	die Autos

> n/s で終わっているので何もつけなくてよい

11

練習 1 次の名詞の複数形を格変化させなさい.

単数	1 格	der Ball バル	das Buch ブーフ	die Blume ブルーメ
複数	1 格	_____	_____	_____
	2 格	_____	_____	_____
注意！→	3 格	_____	_____	_____
	4 格	_____	_____	_____

練習 2 （　　）内の名詞を単数形か複数形にして下線部に入れなさい．

① 何本バラを持っていますか．（Rose [ローゼ]「バラ」）

　　Wie viele _____ hast du?
　　ヴィー　フィーレ

　　– Ich habe nur eine _____. / Ich habe zwei _____.
　　　　　　　　　ヌーア　　　　　　　　　　　　　　　ツヴァイ

② お子さんは何人いますか．（Kind [キント]「子供」）

　　Wie viele _____ haben Sie?
　　　　　　　　　　　　　　　　ズィー

　　– Ich habe nur ein _____. / Ich habe drei _____.
　　　　　　　　　　　　　　　　　　　　　　　　　　ドライ

③ 猫を何匹飼っていますか．（Katze [カッツェ]「猫」）

　　Wie viele _____ habt ihr?
　　　　　　　　　　　　ハープト イーア

　　– Wir haben nur eine _____. / Wir haben vier _____.
　　　　　　　　　　　　　　　　　　　　　　　　　　　　フィーア

④ 彼女は犬を何匹飼っていますか．（Hund [フント]「犬」）

　　Wie viele _____ hat sie?

　　– Sie hat nur einen _____. / Sie hat fünf _____.
　　　　　　　　　　　　　　　　　　　　　　　　　　フュンフ

12 定冠詞類

> **dieser**［ディーザー］「この」には，定冠詞に準じた格語尾をつけます．

CD 28

Ich kaufe **diesen** Wagen. 　私はこの車を買う．
イッヒ　カオフェ　ディーゼン　ヴァーゲン
　　　　　　　　　　└─ 男性

Ich kaufe **dieses** Buch. 　私はこの本を買う．
イッヒ　カオフェ　ディーゼス　ブーフ
　　　　　　　　　└─ 中性

☆ **dieser** の格変化

	男性	女性	中性	複数
1格	dies-**er**　ディーザー	dies-**e**　ディーゼ	dies-**es**　ディーゼス	dies-**e**
2格	dies-**es**　ディーゼス	dies-**er**	dies-**es**	dies-**er**
3格	dies-**em**　ディーゼム	dies-**er**	dies-**em**	dies-**en**
4格	dies-**en**　ディーゼン	dies-**e**	dies-**es**	dies-**e**

> 定冠詞とは太字の部分のみ異なる

-er (d-**er**)	-e (d-**ie**)	-es (d-**as**)	-e (d-**ie**)
-es (d-es)	-er (d-er)	-es (d-es)	-er (d-er)
-em (d-em)	-er (d-er)	-em (d-em)	-en (d-en)
-en (d-en)	-e (d-**ie**)	-es (d-**as**)	-e (d-**ie**)

　　　↑　　　　↑
　　dieser　　定冠詞

☆ **dieser** と同じ変化をする語に **welcher**［ヴェルヒャー］「どの」と **jeder**［イェーダー］「どの…も」があります．これらを**定冠詞類**と呼びます．

12

練習 1 変化表を作りなさい．

	男性	女性	中性	複数
1格	welcher (ヴェルヒャー)	welche (ヴェルヒェ)	welches (ヴェルヒェス)	_____
2格	_____	_____	_____	_____
3格	_____	_____	_____	_____
4格	_____	_____	_____	_____

	男性	女性	中性
1格	jeder (イェーダー)	jede (イェーデ)	jedes (イェーデス)
2格	_____	_____	_____
3格	_____	_____	_____
4格	_____	_____	_____

jeder は単数のみ

練習 2 次の下線部に適当な格語尾を補いなさい．

① 君はどのネクタイを買うのですか．―このネクタイを買います．

　　Welch___ Schlips kaufst du?
　　　　　　シュリップス　カオフスト

　　– Ich kaufe dies___ Schlips.
　　　　カオフェ　　　　　　　　男性

② どのおとぎ話が子供に気に入りますか．
　　―どんなおとぎ話も子供たちに気に入ります．　3格

　　Welch___ Märchen gefällt den Kindern?
　　　　　　メールヒェン　ゲフェルト　　キンダーン

　　– Jed___ Märchen gefällt den Kindern.

13 所有冠詞 (1)

> 所有冠詞には，不定冠詞と同じ格語尾をつけます．

CD 29

Mein Vater fährt morgen nach Berlin.
マイン　ファーター　フェーアト　モルゲン　　　ナーハ　ベルリーン
私の父はあすベルリンに行きます．

☆ 英語の my「私の」などにあたる語を所有冠詞と呼びます．

☆ 所有冠詞(単数)一覧表

1人称	2人称	3人称	敬称
my	your	his / her / its	your
私の	君の	彼の / 彼女の / それの	あなたの
mein	**dein**	**sein / ihr / sein**	**Ihr**
マイン	ダイン	ザイン　イーア　ザイン	イーア

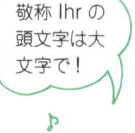

> 敬称 Ihr の頭文字は大文字で！

☆ 所有冠詞には次の格語尾をつけます．定冠詞類と比べた場合，○印のところに語尾のないことだけが相違点です．不定冠詞と同一の格変化をするため，これらの語を**不定冠詞類**と呼びます． 　5課を復習

	男性	女性	中性	複数
1格	-○	-e	-○	-e
2格	-es	-er	-es	-er
3格	-em	-er	-em	-en
4格	-en	-e	-○	-e

13

練習 1 変化表を作りなさい.

	男性	女性	中性	複数
1格	mein	_____	_____	_____
2格	_____	_____	_____	_____
3格	_____	_____	_____	_____
4格	_____	_____	_____	_____

練習 2 次の下線部に適当な格語尾を補いなさい.

① 君のお母さんの職業は何ですか. —私の母は医者です.

　Was ist dein___ Mutter von Beruf?
　– Mein___ Mutter ist Ärztin.
　　　　　　　　　　エールツティン

（-in がつくと女性になる）

② 君の兄弟の職業は何ですか. —私の兄弟は医者です.

　Was sind dein___ Brüder von Beruf?
　　　　　　　　　　ブリューダー
　– Mein___ Brüder sind Ärzte.
　　　　　　　　　　　　　　Arztの複数形

③ 私はきょうおじとボンに行く.

　Ich fahre heute mit mein___ Onkel nach Bonn.
　ファーレ ホイテ　　　3格支配

④ 私はきょうおばとボンに行く.

　Ich fahre heute mit mein___ Tante nach Bonn.

⑤ 私はきょう友人たちとボンに行く.

　Ich fahre heute mit mein___ Freunden nach Bonn.

14 所有冠詞 (2)

> 所有冠詞の複数や英語の *no* に当たる語 **kein**（名詞を否定）も不定冠詞に準じた格語尾をつけます.

Unser Vater fährt nach Paris.　私たちの父はパリに行きます.
ウンザー　ファーター　フェーアト　ナーハ　パリース

☆ 所有冠詞（複数）一覧表

	1人称	2人称	3人称	敬称
	our	your	their	your
	私たちの	君たちの	彼[女]らの/それらの	あなた方の
	unser	**euer**	**ihr**	**Ihr**
	ウンザー	オイアー	イーア	

> Ihr の I は大文字

☆ kein「…ない」の格変化

	男性	女性	中性	複数
1格	kein カイン	keine カイネ	kein	keine
2格	keines カイネス	keiner カイナー	keines	keiner
3格	keinem カイネム	keiner	keinem	keinen
4格	keinen	keine	kein	keine

> 13課と同じ変化だね

Ich habe **kein** Geld / **keine** Zeit.　私は金/時間がない.
　　　　　　　　　ゲルト　　　　　　ツァイト

14

練習 1 変化表を作りなさい．

	男性	女性	中性	複数
1格	unser	_____	_____	_____
2格	_____	_____	_____	_____
3格	_____	_____	_____	_____
4格	_____	_____	_____	_____

練習 2 まず，所有冠詞のつく名詞の文法上の性と数と格を確かめ，次に下線部に適当な格語尾を補い，訳しなさい．

an dem

① Was macht ihr am Wochenende[1]?
　ヴァス　マハト　　　　　　ヴォッヘン・エンデ

　– Wir besuchen[2] unser___ Onkel[3].

② Was machen Sie am Wochenende?
　　　マッヘン

　– Wir besuchen unser___ Tante[4].

③ Was machen sie am Wochenende?

　– Sie besuchen ihr___ Eltern[5].
　　　　　　　　　　　　エルターン

④ Hast du einen Onkel? – Nein, ich habe kein___ Onkel.
　　　　　　　　　　　　　ナイン
　　　　　　　　　　　　　No

⑤ Haben Sie eine Tante? – Nein, ich habe kein___ Tante.

⑥ Hat er noch Eltern? – Nein, er hat kein___ Eltern mehr[6].

▶ 1=週末　2=訪問する　3=おじ　4=おば　5=両親　6=もはや（…ない）

e の削除

前ページの〈練習1〉で unser に格語尾をつける練習をしました．不定冠詞に準じた格語尾をつければよいのですが，unser / euer に格語尾をつける場合，実際のドイツ語ではふつう語幹（あるいは語尾）の e を，次に示すように，省きます（もちろん省かなくても，間違いではありません）．

unsere	⇨ unsre		euere	⇨ eure
unseres	⇨ unsres		eueres	⇨ eures
unserer	⇨ unsrer		euerer	⇨ eurer
unserem	⇨ unserm (unsrem)		euerem	⇨ eurem
unseren	⇨ unsern (unsren)		eueren	⇨ euren

これは，ドイツ語のリズムに基づく現象なのです．ドイツ語の音の流れは〈強弱強弱〉というリズムを持ち，弱アクセントの連続を嫌うという習慣を持つのです．ですから，unser にそのまま格語尾（たとえば -e）をつけますと，アクセントが〈強 (un-) 弱 (se-) 弱 (re)〉となり，弱アクセントの e が連続するのです．そのため，語幹（ないし語尾）の e を省くのです．所有冠詞の格語尾がしっかり頭に入ったら，上のような，格語尾のバリエーションもしっかり覚えてください．

doch (1)

否定の語句を含む疑問文の場合，「はい」と答えるときには nein [**ナイン**]，「いいえ」と答えるときには **doch** [**ドッホ**] を用います：

Ist er nicht fleißig? — Nein, er ist nicht fleißig.
彼はまじめではありませんか． はい，彼はまじめではありません．

ja は使わない — Doch, er ist fleißig.
いいえ，彼はまじめです．

ドイツ語が〈弱弱〉というリズムを嫌うという現象は他でもよく見かけます．たとえば動詞に不定形の語尾として -en でなく, -n をとるものがあると述べました(15 ページ: angeln「釣りをする」, rudern「ボートを漕ぐ」)が，これも同じ理由からなのです．いま仮に angel- という語幹に不定形の語尾 -en をつけますと, angel-en〈強 (an-) 弱 (gel-) 弱 (en)〉となり,〈弱弱〉のリズムができてしまいます．この〈弱弱〉のリズムを避けるために，語尾が -n になったのです．

　実際，不定形の語尾として -n をとる動詞は，すべて語幹の末尾が弱アクセントの e を持っています(逆に言いますと，語幹の末尾に弱アクセントの e を持つ動詞はすべて不定形の語尾が -n ということになります)．

　また，複数形語尾のタイプ -[e]n 式に Insel「島」のように -n をつける語も含められますが (Inseln)，いま仮に Insel に複数語尾 -en をつけますと, Insel-en となり,〈強弱弱〉のリズムが形成されます．この〈弱弱〉のリズムを避けるために，語尾の e を落としてできたのが Inseln なのです．

　ドイツ語のリズムという点から眺めた場合，動詞 angeln / rudern が不定形の語尾として -en ではなく, -n をとるということも，名詞 Insel の複数形が Inselen ではなく, Inseln になることも決していわゆる「例外」ではなく，むしろ「規則的な」現象といえるでしょう．

---

doch (2)

doch の例文をもうひとつ．
Hast du keinen Computer?
コンピュータを持っていないのですか．

― **Nein, ich habe keinen Computer.**
　はい，私はコンピュータを持っていません．

― **Doch, ich habe einen Computer.**
　いいえ，私はコンピュータを持っています．

15 人称代名詞

人称代名詞の **3** 格と **4** 格の形をしっかり覚えましょう.

CD 32

　　　　　　　　　　　　┌── 4格 ──┐　　　┌ 3格 ┐
Sie liebt ihn, aber sie sagt es ihm nicht.
ズィー リープト イーン アーバー ズィー ザークト エス イーム ニヒト
彼女は彼を愛しているが,彼女はそのことを彼に言わない.

☆ 人称代名詞の **3** 格(上段)と **4** 格(下段)

ich	du	er	sie	es	wir	ihr	sie	Sie (敬称)
mir	**dir**	**ihm**	**ihr**	**ihm**	**uns**	**euch**	**ihnen**	**Ihnen**
ミーア	ディーア	イーム	イーア	イーム	ウンス	オイヒ	イーネン	
私に	君に	彼に	彼女に	それに	私達に	君達に	彼[女]らに それらに	あなたに
mich	**dich**	**ihn**	**sie**	**es**	**uns**	**euch**	**sie**	**Sie**
ミッヒ	ディッヒ	イーン		エス			ズィー	
私を	君を	彼を	彼女を	それを	私達を	君達を	彼[女]らを それらを	あなたを

敬称 (Ihnen / Sie) は,3 格と 4 格でも大文字で書き始めます.

Der Lehrer lobt ihn.　　先生は彼をほめる.
　　　　　　ロープト

Wir helfen dir.　　私たちは君に手助けする.
　　ヘルフェン

Er geht mit ihr ins Kino.　　彼は彼女と映画に行く.
　　　　　　　　　　キーノ
　　　　　　　　└ in das

英語の *my, your* などの表す所有関係は所有冠詞 (13, 14 課)を参照

15

練習 次の下線部に人称代名詞の適当な形を入れ，訳しなさい．

① Hans : Ich liebe _____, Anna, liebst du _____ auch[1]?

　Anna : Ich mag² _____, Hans, aber ich liebe _____ nicht³.

② Gisela : Liebst du Anna?

　Hans : Ja, ich liebe _____, ich liebe _____ sehr.

　Gisela : Und Anna? Liebt sie _____ auch?

　Hans : Anna sagt, sie mag _____, aber sie liebt _____ nicht.

③ Gisela : Liebst du Hans?

　Anna : Nein, ich mag _____, aber ich liebe _____ nicht.

　Gisela : Und Hans?

　Anna : Er sagt, er liebt _____ sehr.

▶ 1 = …もまた　2 = 好きだ (mögen ☞ p. 83)　3 = 英 not (☞ p. 117)

49

事物を受ける人称代名詞

☆ 3人称の人称代名詞は，男性名詞，女性名詞，中性名詞の代用形としても用いられます．次の例では sie が女性名詞 die Milch を受けています．

Die Milch ist sauer. Ich trinke sie nicht.
ミルヒ　　　ザオアー
ミルクはすっぱくなっています．私はそれは飲みません．　= die Milch

練習　次の下線部に人称代名詞の適当な形を入れ，訳しなさい．

① Ist der Kaffee heiß? – Ja, _____ ist heiß.
カフェー　ハイス
男性

② Ist die Suppe heiß? – Nein, _____ ist kalt.
ズッペ

③ Findest* du den Film interessant?
フィンデスト　　　　フィルム インテレサント
– Ja, ich finde _____ interessant.
4格

*finden は「…を…と思う」

☆ **der Monat**　月　（月名はすべて男性名詞）
モーナト

1月	Januar ヤヌアール	2月	Februar フェブルアール	3月	März メルツ
4月	April アプリル	5月	Mai マイ	6月	Juni ユーニ
7月	Juli ユーリ	8月	August アオグスト	9月	September ゼプテンバー
10月	Oktober オクトーバー	11月	November ノヴェンバー	12月	Dezember デツェンバー

☆ 前置詞が人称代名詞と結びつく場合，〈da- + 前置詞（前置詞が母音で始まる場合 dar- + 前置詞）〉という結合形を作ります．たとえば，

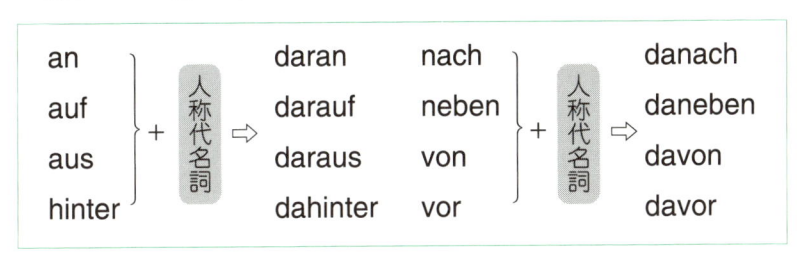

| an
auf
aus
hinter | + 人称代名詞 ⇒ | daran
darauf
daraus
dahinter | nach
neben
von
vor | + 人称代名詞 ⇒ | danach
daneben
davon
davor |

Das Paket liegt auf dem Tisch, **daneben** die
パケート　　　　　　　　　　　　　　　　　ダネーベン

Rechnung.　　　　　　　(daneben = neben dem Paket)
レヒヌング

小包がテーブルの上に，その横に請求書がある．

☆ **die Woche**　週　（曜日名はすべて男性名詞）
　ヴォッヘ

日曜日　**Sonntag**　　　　　月曜日　**Montag**
　　　　ゾンターク　　　　　　　　　モンターク

火曜日　**Dienstag**　　　　水曜日　**Mittwoch**
　　　　ディーンスターク　　　　　　ミットヴォッホ

木曜日　**Donnerstag**　　　金曜日　**Freitag**
　　　　ドンネルスターク　　　　　　フライターク

土曜日　**Sonnabend / Samstag**
　　　　ゾンアーベント　　　ザムスターク

こっちは主にドイツ南部，スイス，オーストリアで使う

16 形容詞の格変化 (1)

> 形容詞も，名詞と共に用いる場合，名詞の性・数・格に応じて格語尾をつけます．

CD 37

Sie trägt eine neue Bluse. 〔女・単・4〕
ズィー トレークト アイネ ノイエ ブルーゼ

Sie trägt ein neues Kleid. 〔中・単・4〕
ズィー トレークト アイン ノイエス クライト

彼女は新しいブラウス／新しいワンピースを着ている．

☆ 不定冠詞類（不定冠詞，所有冠詞, kein）を伴う名詞に形容詞をつける場合，男性1格で -er，女性1格・4格で -e，中性1格・4格で -es をつけます．それ以外はすべて -en をつけます．

	男性		女性		中性	
1格	ein	—**er**	eine	—**e**	ein	—**es**
2格	eines	—en	einer	—en	eines	—en
3格	einem	—en	einer	—en	einem	—en
4格	einen	—en	eine	—**e**	ein	—**es**

	複数	
1格	meine*	—en
2格	meiner	—en
3格	meinen	—en
4格	meine	—en

> 5ヵ所以外は全部 en

*不定冠詞は複数形がないので mein で代用します．

16

練習 1 次の下線部に適当な格語尾を補いなさい．

① 大きな机 　男性

1格	ein	großer	Tisch
2格	eines	groß___	Tisches
3格	einem	groß___	Tisch
4格	einen	groß___	Tisch

② 彼の古い家 　中性

1格	sein	altes	Haus
2格	seines	alt___	Hauses
3格	seinem	alt___	Haus
4格	sein	alt___	Haus

③ 彼女の新しいブラウス 　女性

1格	ihre	neue	Bluse
2格	ihrer	neu___	Bluse
3格	ihrer	neu___	Bluse
4格	ihre	neu___	Bluse

④ あなたの親切な両親 　複数

1格	Ihre	netten	Eltern
2格	Ihrer	nett___	Eltern
3格	Ihren	nett___	Eltern
4格	Ihre	nett___	Eltern

練習 2 次の下線部に適当な格語尾を補いなさい．

① 彼は有名な政治家です．

　Er ist ein bekannt___ Politiker.

② 彼は悲しそうな顔をする．

　Er macht ein traurig___ Gesicht.

③ 君は彼の新しい住所を知っていますか．

　Weißt du seine neu___ Adresse?

④ 家の前に大きな木が立っている．

　Vor dem Haus steht ein groß___ Baum.

語尾がついた場合の発音に注意！

17 形容詞の格変化 (2)

> 名詞にそのまま形容詞をつける場合，**dieser** と同じ語尾をつけます．

🎧 CD 38

Ich trinke kalte Milch / kaltes Bier.
イッヒ トリンケ カルテ ミルヒ カルテス ビーア
私は冷たいミルク / 冷たいビールを飲む．

☆ 冠詞類を伴わない場合の形容詞語尾一覧

	男性	女性	中性	複数
1 格	—er	—e	—es	—e
2 格	—en	—er	—en	—er
3 格	—em	—er	—em	—en
4 格	—en	—e	—es	—e

練習 1 次の下線部に適当な格語尾を補いなさい．

> 2 格はあまり使わないので練習では省略しますね

① 赤ワイン 男性
- 1 格　roter　Wein
- 3 格　rot___　Wein
- 4 格　rot___　Wein

② 新鮮なミルク 女性
- frische　Milch
- frisch___　Milch
- frisch___　Milch

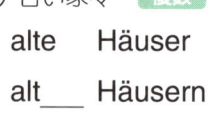

③ 冷たいビール 中性
- 1 格　kaltes　Bier
- 3 格　kalt___　Bier
- 4 格　kalt___　Bier

④ 古い家々 複数
- alte　Häuser
- alt___　Häusern
- alt___　Häuser

☆ 定冠詞類がある場合，男性1格と，女性および中性の1格・4格で -e をつける以外は，すべて -en をつけます．

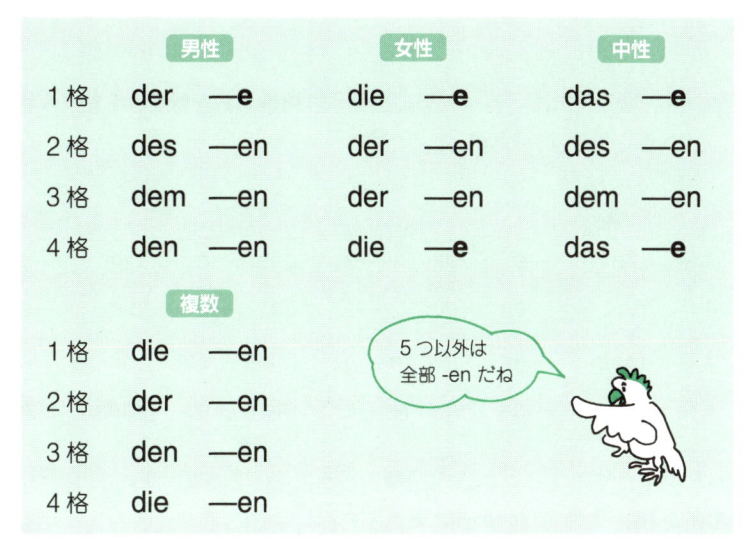

	男性	女性	中性
1格	der —e	die —e	das —e
2格	des —en	der —en	des —en
3格	dem —en	der —en	dem —en
4格	den —en	die —e	das —e

	複数
1格	die —en
2格	der —en
3格	den —en
4格	die —en

5つ以外は全部 -en だね

練習2 次の下線部に適当な格語尾を補いなさい．

① 年老いた男　男性

1格　der alte   Mann
2格　des alt___ Mannes
3格　dem alt___ Mann
4格　den alt___ Mann

② 厚い本　中性

das dicke   Buch
des dick___ Buches
dem dick___ Buch
das dick___ Buch

③ 年老いた女　女性

1格　die alte   Frau
2格　der alt___ Frau
3格　der alt___ Frau
4格　die alt___ Frau

④ 厚い本　複数

die dick___ Bücher
der dick___ Bücher
den dick___ Büchern
die dick___ Bücher

> **ワンポイントアドバイス**

形容詞の格語尾の覚え方

　ドイツ語の格語尾の特徴は「ドイツ語の格表示は**男性単数を除き，1格・4格が常に同形**」ということです．対照してください．

		男性	女性	中性	複数
定冠詞類	1格	der —e	die —e	das —e	die —en
	4格	den —en	die —e	das —e	die —en
不定冠詞類	1格	mein —er	meine —e	mein —es	meine —en
	4格	meinen —en	meine —e	mein —es	meine —en

　この原則を前提とするならば，定冠詞類の後ろに形容詞を置く場合，変化語尾は「**単数1格が -e，その他は -en**」と覚えておけばよいのです．また，不定冠詞類の後ろに形容詞を置く場合も，変化語尾は「**単数1格が -er / -e / -es，その他は -en**」と覚えておけばよいのです．実際にこれでうまくいくかどうか次の表を用いて確かめてください．指示通りに語尾を書き入れていけば，上で学んだ通りになるはずです．

チョーかんたん

A 定冠詞類の場合

☆ 第1段階：「単数1格のところのみ -e を，その他は -en を書き入れなさい」

	男性	女性	中性	複数
1格	der ☐-	die ☐-	das ☐-	die ☐-
2格	des ☐-	der ☐-	des ☐-	der ☐-
3格	dem ☐-	der ☐-	dem ☐-	den ☐-
4格	den ☐-	die ☐-	das ☐-	die ☐-

⇩　　☐は形容詞の部分

☆ **第2段階**:「男性単数を除き，4格を1格と同形にしなさい」

1格 der ☐-e	die ☐-e	das ☐-e	die ☐-en
2格 des ☐-en	der ☐-en	des ☐-en	der ☐-en
3格 dem ☐-en	der ☐-en	dem ☐-en	den ☐-en
4格 den ☐-en	die ☐-	das ☐-	die ☐-en

B 不定冠詞類の場合

☆ **第1段階**:「単数1格のところに -er / -e / -es を，その他は -en を書き入れなさい」

	男性	女性	中性	複数
1格	mein ☐-	meine ☐-	mein ☐-	meine ☐-
2格	meines ☐-	meiner ☐-	meines ☐-	meiner ☐-
3格	meinem ☐-	meiner ☐-	meinem ☐-	meinen ☐-
4格	meinen ☐-	meine ☐-	mein ☐-	meine ☐-

⇩

☆ **第2段階**:「男性単数を除き，4格を1格と同形にしなさい」

1格 mein ☐-er	meine ☐-e	mein ☐-es	meine ☐-en
2格 meines ☐-en	meiner ☐-en	meines ☐-en	meiner ☐-en
3格 meinem ☐-en	meiner ☐-en	meinem ☐-en	meinen ☐-en
4格 meinen ☐-en	meine ☐-	mein ☐-	meine ☐-en

形容詞の名詞的用法

☆ 名詞を省略し，格変化した形容詞だけで用いることがあります．ただし，その場合，頭文字を大文字で書き，格変化は，名詞を伴った場合と同一の格語尾をつけます．なお，男性形・女性形・複数形の場合，「…の人」という意味，中性形の場合，「…のもの」という意味を表します．

Der Kranke braucht viel Ruhe.　　(⇐ der kranke Mann)
クランケ　　　　　　フィール ルーエ
この病人(男性)は充分な休息を必要としている．　　男性とわかる

Der Arzt besucht den Kranken.　　(⇐ den kranken Mann)
　　　　ベズーホト
その医者はその病人(男性)を往診する．

Sie ist nett zu **Alten**.　　　　(⇐ alten Menschen)
　　　　ネット　　　　　　　　　　　　　複数
彼女は年寄りに親切だ．

Er sieht nur **das Positive**.　　(⇐ das positive Ding)
　　ズィート　　　　ポズィティーヴェ
彼はよいところだけを見る．

☆ 中性の変化形はしばしば etwas, nichts などと同格的に用いられます．

　　　etwas **Neues**　　　　　なにか新しいこと
　　　エトヴァス　ノイエス

　　　nichts **Besonderes**　　なにも特別なことは…ない
　　　ニヒツ　　ベゾンデレス

☆ 名詞化した形容詞で熟語を形成することもあります．

　　　Wir fahren ins **Grüne**.
　　　　　　　　　　グリューネ
　　　私たちは森にドライブに行きます．

　　　　　　　　　grün「緑色の」

名詞の省略

☆ 〈冠詞＋名詞〉の結合で，名詞がすでに取り上げられている場合，名詞を省略することがあります．形は，省略された名詞に基づいて決められます．

〈不定冠詞・否定冠詞〉

Hast du immer noch keinen Fernseher?
　　　　　　　　　　　　　　フェルンゼーアー
君はいまなおテレビを持っていないのですか．

– Doch, jetzt habe ich einen*.
いいえ，いまは持っています．　　　　　(* = einen Fernseher)

Hast du jetzt einen Fernseher?
いまは君はテレビを持っているの．

– Nein, ich habe noch keinen*.
いいえ，私はまだ持っていません．　　　(* = keinen Fernseher)

〈定冠詞〉「その…」と，指示的強調の意味合いが伴います．

Da ist ein roter Rock. Den* nehme ich.
そこに赤いスカートがあります．それを私は買います．　(* = den roten Rock)

Da ist eine rote Bluse. Die* nehme ich.
　　　　　　　　ブルーゼ
そこに赤いブラウスがあります．それを私は買います．　(* = die rote Bluse)

Da ist ein rotes Auto. Das* nehme ich.
そこに赤い車があります．それを私は買います．　(* = das rote Auto)

☆ 〈冠詞＋形容詞＋名詞〉の結合で，名詞がすでに取り上げられている場合，名詞を省略することがあります．

Welche Bluse möchtest du, die rote oder die blaue?
どのブラウスが欲しいですか，赤いのですか，青いのですか．
　　　　　　　　　　　　　　　　　　Bluseが省略された
　　　　　　　　　　　ブラウス

18 命令形 (1)

> 命令形は，相手が1人の場合，不定詞の語幹に **-e** をつけて作ります．2人以上の場合，**-t** をつけて作ります．

Lerne fleißig Deutsch!
レルネ　フライスィヒ　ドイチュ

Lernt fleißig Deutsch!
レルント　フライスィヒ　ドイチュ
ドイツ語を熱心に学べ！

☆ 親称の（du / ihr で呼び合う親しい人に対する）命令形は，上の説明のようにして作ります．なお，命令形は文頭に置き，主語を省きます．

  entschuldigen 許す ： Entschuldige! ごめんなさい！
  エント**シュ**ルディゲン   エント**シュ**ルディゲ

           Entschuldigt!
           エント**シュ**ルディヒト

なお，du に対する命令形の -e はしばしば省かれます．　（口調の問題です）

  trinken 飲む ： Trink! 飲め！
         トリンク

（6課で学んだ動詞だね）

☆ ihr に対する命令形では語幹が -t, -d で終わる動詞の場合，-et をつけます．

  antworten 答える ： Antwortet! 答えなさい！
  アントヴォルテン   アントヴォルテット

  baden 風呂に入る ： Badet! 風呂に入れ！
  バーデン   バーデット

18

☆ 現在人称変化の 2・3 人称単数で幹母音 e を i / ie に変える不規則動詞は，幹母音を i / ie に変えて du に対する命令形を作ります．この場合，語尾 e をつけません．ihr に対する命令形は規則的に変化させます．

sprechen 話す　:　**Sprich** lauter!　(du sprichst)
シュプレッヒェン　　シュプリヒ　ラオター
　　　　　　　　　もっと大きな声で話しなさい！

（7 課の動詞を復習しよう！）
（laut の比較級 ☞ 37 課）

練習　(　) 内の動詞を用いて，du / ihr に対する命令文を作りなさい．

① 本当のことを言え！(sagen)　　女性名詞

　_____ mir die Wahrheit!　　口に出して言ってみよう！
　　　　　　　ヴァールハイト
　_____ mir die Wahrheit!　　真実！

② 自分自身を知れ！(erkennen　[エアケンネン]　分かる)

　_____ dich selbst!　　_____ euch selbst!
　　　　　　　ゼルプスト

③ どうぞ 7 時に起こしてください！(wecken　[ヴェッケン]　起こす)

　Bitte _____ mich um 7 Uhr!　　7 は [ズィーベン]
　ビッテ　　　　　　　　　　　ウーア
　Bitte _____ mich um 7 Uhr!

④ ちょっと手伝ってくれ！(helfen)

　Bitte, _____ mir mal!　　Bitte, _____ mir mal!
　　　　　　　　　　　マール

19 命令形 (2)

> 敬称の(Sie で呼び合う相手に対する)命令は，疑問文と同一の形式でイントネーションを変えることによって表します．

Lernen *Sie* fleißig Deutsch!
レルネン　ズィー　フライスィヒ　ドイチュ
まじめにドイツ語を学びなさい！

⇐ **Lernen Sie fleißig Deutsch?**
レルネン　ズィー　フライスィヒ　ドイチュ
あなたはまじめにドイツ語を学びますか．

☆ 親称と異なり，敬称の場合，単数複数の区別はなく，また，主語をかならず表示します．親称も含めて，すべて示しますと，次のようになります．

[親称]　単数　Lerne　　　　fleißig Deutsch!
　　　　複数　Lernt　　　　fleißig Deutsch!
[敬称]　単数　Lernen Sie fleißig Deutsch!
　　　　複数　Lernen Sie fleißig Deutsch!　　（単数複数同形）

☆ 動詞 sein は次のような命令形を作ります．

du に対して：**Sei** ruhig!　静かにしなさい！
　　　　　　　ザイ　ルーイヒ

ihr に対して：**Seid** ruhig!
　　　　　　　ザイト

Sie に対して：**Seien** Sie ruhig!
　　　　　　　ザイエン

19

練習 (　)内の動詞を用いて, du / ihr / Sie に対する命令形を作りなさい.

① すぐドアを開けなさい. (öffnen)

＿＿＿＿ sofort die Tür!　　＿＿＿＿ sofort die Tür!
ソフォルト

＿＿＿＿ ＿＿＿＿ sofort die Tür!

② 新聞を読みなさい! (lesen)

＿＿＿＿ die Zeitung!　　＿＿＿＿ die Zeitung!
ツァイトゥング

＿＿＿＿ ＿＿＿＿ die Zeitung!

③ 手紙を書きなさい! (einen Brief schreiben)

＿＿＿＿ einen Brief!　　＿＿＿＿ einen Brief!
ブリーフ

＿＿＿＿ ＿＿＿＿ einen Brief!

ES

es (it) は天候, 時間などの表現で形式的な主語として用いられます. 日本語には訳しません. 熟語として覚えましょう.

天候: **Es regnet heute.**　きょう雨が降る.
　　　レーグネット

時間: **Es ist drei Uhr.**　3時です.
　　　ドライ ウーア

熟語: **Es geht ihm gut.**　彼は調子がいい.
　　　ゲート

Z先生のステップアップ・ゼミ

不定詞句

　ドイツ語の文は動詞と色々な語句とが結びついて作られます．したがって，動詞がどのような語句と共に用いられるかは非常に重要なことで，動詞を学ぶ場合，かならずそれぞれの動詞がどのような語句と結びつくかをしっかりと学ばなければなりません．日本語による類推も必ずしも万能ではないのです．たとえば，次の日本語の文はすべて「…を」となっていますが，対応するドイツ語は4格になったり，前置詞句が用いられたりしています．

　私は本を買う　⇨　Ich kaufe ein Buch.（4格）
　　　　　　　　　　　カオフェ　　ブーフ

　私は母のことを思う　⇨　Ich denke an meine Mutter.（前置詞句）
　　　　　　　　　　　　　デンケ　　　マイネ　ムッター

> オーストリアとの国境に近いケーニヒス湖と聖バルトロメー僧院．

このようなことを動詞の格支配，前置詞支配と呼びます．動詞が（主語以外の）どのような名詞句あるいは前置詞句と結びつくのかを示す場合（たとえば辞書などで），動詞を末尾に置いた順序で示します．このような句を不定詞句と呼ぶのですが，上例を不定詞句で示してみましょう．日本語の語順に似てくることに注意．

⇨ ein Buch kaufen

⇨ an meine Mutter denken

練習 次の文から（主語を取り除いた）不定詞句を作りなさい．

① Der Arzt besucht den Kranken.
　　アールツト　　　　　クランケン

⇨ 病人を往診する　＿＿＿＿＿＿＿＿＿＿＿＿＿＿

② Ich warte auf den Zug.
　　　ヴァルテ　　　　ツーク

⇨ 列車を待つ　＿＿＿＿＿＿＿＿＿＿＿＿＿＿＿

ライン川の船下りは有名だね．猫城とその向こうに見える絶壁はハイネの詩で有名なローレライの岩．

20 再帰代名詞 (1)

「自分」のことを表す場合，**再帰代名詞**を用います．

Er wäscht **sich**.　彼は体(＝自分)を洗う．
エーア ヴェシュト ズィッヒ

☆ 再帰代名詞は，1・2人称では人称代名詞と同形です．3人称と2人称敬称で **sich** という特別の語を用います．

	ich	du	er / sie / es	wir	ihr	sie	Sie
3格	mir ミーア	dir ディーア	**sich** ズィッヒ	uns ウンス	euch オイヒ	**sich**	**sich**
4格	mich ミッヒ	dich ディッヒ	**sich**	uns	euch	**sich**	**sich**

つまりこうなる！

Ich wasche mich.	Wir waschen uns.
Du wäschst dich.	Ihr wascht euch.
Sie wäscht sich.	Sie waschen sich.

Sie betrachtet **sich** im Spiegel.
　　ベトラハテット　　　　　シュピーゲル
彼女は自分の姿を鏡で見る．

☆ 辞書などで不定詞句として挙げる場合，sich によって再帰代名詞を代表させます．

sich⁴ hassen　自分を憎む
　ハッセン

上付きの数字は格を示します

20

練習 次の不定詞句に基づき，再帰代名詞の文を作りなさい．

① 自分と子供の身体を洗う： sich⁴ und die Kinder waschen
  ヴァッシェン

  Ich _____ _____ und die Kinder.
  Sie _____ _____ und die Kinder.
  (彼女は)

② 体重を毎晩量る： sich⁴ jeden Abend* wiegen
  ヴィーゲン

  _____ du _____ jeden Abend ?
  _____ ihr _____ _____ _____ ?

  * 副詞的4格で「毎晩」

③ 自分の手を洗う： sich³ die Hände waschen
  ヘンデ

  Ich _____ _____ _____ _____ .
  Wir _____ _____ _____ _____ .

  〔3格に注意！〕

④ 自分のことしか考えない： nur an sich⁴ denken
  ヌーア

  Er _____ _____ _____ _____ .
  Sie _____ _____ _____ _____ .
  (彼らは)
  _____ du _____ _____ ?

「相互に」の sich

Aさんが Bさんを知っていて (A kennt B.)，また，Bさんが Aさんを知っている (B kennt A.) 場合，この関係を相互的といいます（「互いを」）．このような場合も，再帰代名詞を用います．

Wir kennen uns schon lange.
ケンネン　　　ショーン　ランゲ
私たちはもう長い間知り合いだ．

A ⇄ B

21 再帰代名詞 (2)

> 動詞 erkälten は再帰代名詞と結びついて「風邪をひく」という**一つ**の**意味**を表します．

Er erkältet sich oft im Winter.
エーア エアケルテット ズィッヒ オフト イム ヴィンター
彼は冬よく風邪を引く．

☆ 再帰代名詞と結びついて，一つのまとまった意味を表す動詞を**再帰動詞**と呼びます．

sich⁴ auf . . . freuen　…⁴ を楽しみにする

Die Kinder freuen sich auf die Ferien.
　　　　　　　　　フロイエン　　　　　　フェーリエン
子供たちは休暇を楽しみにしている．

> 上付きの数字は格を示すのだったね

sich³ etwas⁴ merken　…⁴ を覚える

Ich merke mir ihre Telefonnummer.
　　　メルケ　　　　　　テレフォーン・ヌンマー
私は彼女の電話番号を覚える．

> 再帰代名詞を再確認！

☆ 人称変化（4 格）

ich	erkälte	**mich**	wir	erkälten	**uns**
du	erkältest	**dich**	ihr	erkältet	**euch**
er	erkältet	**sich**	sie	erkälten	**sich**

21

練習 次の語句を用いてドイツ語の文を作りなさい．

① 椅子の上に座る：sich⁴ auf einen Stuhl setzen
　　　　　　　　　　　　　　　　　　シュトゥール

Ich ＿＿＿＿ ＿＿ ＿＿ ＿＿Stuhl.

Er ＿＿＿＿ ＿＿ ＿＿ ＿＿ ＿＿＿．

② きょう気分がよい：sich⁴ heute wohl fühlen
　　　　　　　　　　　　　ホイテ　ヴォール フューレン

Ich ＿＿＿＿ ＿＿ ＿＿＿ wohl.

Sie ＿＿＿＿ ＿＿ ＿＿＿ ＿＿＿．
(彼女は)

③ 日本に興味を持つ：sich⁴ für Japan interessieren
　　　　　　　　　　　　　　ヤーパン　インテレスィーレン

＿＿＿＿ Sie ＿＿ ＿＿ ＿＿＿?

＿＿＿＿ sie ＿＿ ＿＿ ＿＿＿?
　　　　(彼らは)

④ 彼と喜んで歓談する：sich⁴ gern mit ihm unterhalten
　　　　　　　　　　　　　　　　　　　　ウンターハルテン

Ich ＿＿＿＿ ＿＿＿ ＿＿ ＿＿ ＿＿＿．

Wir ＿＿＿＿ ＿＿＿ ＿＿ ＿＿ ＿＿＿．

⑤ 友人の心配をする：sich³ Sorgen um einen Freund machen
　　　　　　　　　　　　　　ゾルゲン　　　　　　　　マッヘン

＿＿＿＿ du ＿＿ Sorgen um einen Freund?

＿＿＿＿ ihr ＿＿ Sorgen um einen Freund?

＿＿＿＿ Sie ＿＿ Sorgen um einen Freund?

＿＿＿＿ sie ＿＿ Sorgen um einen Freund?
　　　　(彼らは)

(3格に注意！)

Romantische Straße

ロマンチック街道はヴュルツブルクからフュッセンまで. 中世のたたずまいを残す町が点在する.

ローテンブルク

ノイシュヴァンシュタイン城

Märchenstraße

メルヘン街道はグリム兄弟の生まれた町ハーナウから

音楽隊のメルヘンで有名なブレーメンまでのおよそ600km.

ブレーメンはハンザ同盟で発展した古い町だ. 今でもHansestadtとして行政上, 州と同じ位置付けにあるんだ.

次のステップへすすむために 「分離動詞」を学ぶ前に

英語で

*He **gets up** at six o'clock every day.*

という文では *get up* が一緒になって「起きる」という意味を作っています．ドイツ語にもこのように動詞と副詞や前置詞が結びついて一つのまとまった意味を表すことがあります．ただ，注意すべき点は，

① 文中で用いる場合，*get* と *up* を分離させて，*up* を文末に置く，すなわち，上の英語の例を用いて表すと

*He **gets** at six o'clock every day **up**.*

という語順になる

② 一つの動詞として表す場合，*get up* ではなく，*up-get* というように動詞の方を後ろに置いた形をとる

ということです．このことをしっかり頭に入れて，先に進んでください．

一部の動詞は特定の語句と結びついて用いられます．

nach Hause gehen 帰宅する ⇨ Er geht nach Hause.
ナーハ ハオゼ ゲーエン

zu Hause sein 家にいる ⇨ Er ist zu Hause.
ザイン

zu Bett gehen 就寝する ⇨ Er geht zu Bett.

ins Kino gehen 映画を見に行く ⇨ Er geht ins Kino.
キーノ

22 分離動詞

基礎動詞と前つづりからなる一部の動詞は，前つづりと基礎動詞が**分離**して用いられます．

— 2つでひとつの動詞 —
Er **kommt** heute in Bonn **an**.
エーア コムト　　ホイテ　イン ボン　　アン
彼はきょうボンに到着する．

☆ 上例の kommt と an は ankommen［アン・コメン］「到着する」という一つの動詞です．このように，前つづりを「分離」して用いる動詞を**分離動詞**と呼び，また，分離する前つづりを**分離前つづり**と呼びます．

☆ 辞書などでは，分離動詞であることを示すために，｜を入れて掲載します．アクセントはかならず分離前つづりにあります．

　　an｜kommen　［アン・コメン］　　到着する
　　an｜rufen　　［アン・ルーフェン］　電話をかける
　　↑
　　アクセント

☆ 分離動詞を用いて文を作る場合，基礎動詞を**第2位**に，前つづりを**文末**に置きます．

私は	きょう	父に	電話をかける．
ich	heute	meinen Vater	**anrufen**

Ich **rufe** heute meinen Vater **an**.
　　ルーフェ

☆ 基礎動詞が不規則に人称変化する分離動詞は，やはり不規則に人称変化します．

(不定詞)
abfahren
アップ・ファーレン
出発する

ich fahre ... ab	wir fahren ... ab
du **fährst** ... ab	ihr fahrt ... ab
フェーアスト	
er **fährt** ... ab	sie fahren ... ab
フェーアト	

sehen
fangen
laden

練習 （　）内の動詞を適当な形にして下線部に入れなさい．

① 列車は 8 時に出発する．(abfahren)

　　Der Zug ＿＿＿＿＿ um 8 Uhr ＿＿＿＿．
　　　ツーク　　　　　　　　　　アハト

② コンサートは 8 時に始まる．(anfangen)

　　Das Konzert ＿＿＿＿＿ um 8 Uhr ＿＿＿＿．
　　　コンツェルト

③ 彼は朝 7 時に起きる．(aufstehen)

　　Er ＿＿＿＿＿ morgens um 7 Uhr ＿＿＿＿．
　　　　　　　　モルゲンス

(71 ページの up-get を思い出して！)

④ 彼女はまだ若く見える．(aussehen)

　　Sie ＿＿＿＿＿ noch jung ＿＿＿＿．
　　　　　　　　　　　ユング

⑤ 彼女は旧友たちをお茶に招待する．(einladen)

　　Sie ＿＿＿＿＿ ihre alten Freunde zum Tee ＿＿＿＿．
　　　　　　　　　　　　　　フロインデ

⑥ 彼は上野行き最終列車に乗り込む．(einsteigen)

　　Er ＿＿＿＿＿ in den letzten Zug nach Ueno ＿＿＿＿．
　　　　　　　　　　　　レッツテン

23 接続詞

> 文と文あるいは語句と語句を対等に結びつける接続詞を**並列の接続詞**と呼びます．

CD 48

Er **und** sie wohnen im Hotel.
エーア ウント ズィー ヴォーネン イム ホテル
彼と彼女はホテルに泊まっている．

☆ 主な並列の接続詞

aber しかし アーバー	**denn** …と言うのは デン	**oder** あるいは オーダー
und そして ウント	(nicht A), **sondern** B　A ではなく B 　　　　　　ゾンダーン	
sowohl A, **als auch** B　A も B も ソヴォール		
weder A **noch** B　A でも B でもない ヴェーダー　　ノッホ		

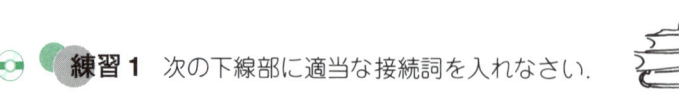

練習 1　次の下線部に適当な接続詞を入れなさい．

① 私は非常に疲れていますが，ドイツ語を学びます．

　　Ich bin sehr müde, ＿＿＿＿＿＿ ich lerne Deutsch.
　　　　　　　ミューデ

② 君は一緒に来るかい，(それとも)まだここに残るかい．

　　Kommst du mit ＿＿＿＿＿＿ bleibst du noch?
　　　　　　　　　　　　　　　　　　ブライプスト

☆ 副文を導く接続詞を**従属の接続詞**と呼びます。

als …したとき アルス	**bevor** …する前に ベフォーア	**da** …なので ダー
damit …するために ダミット	**dass** …と(いうこと) ダス	**ob** …かどうか オップ
obwohl …にもかかわらず オブヴォール	**während** …の間 ヴェーレント	
weil …なので ヴァイル	**wenn** もし…ならば ヴェン	

（ふつう前に置く 理由文に）
（ふつう後ろに置く 理由文に）
dass は旧正書法では daß

☆ 副文では，定動詞は文末に置かれます．また，副文が主文より前に置かれる場合，主文の定動詞は副文の直後に置かれます(定形第2位の原則)．

文末
Da er krank ist, *kommt* er nicht.　彼は病気なので来ません．
ダー　クランク　　　　ニヒト
ひとつめ　　　2つめ

副文が文頭の場合 主文の動詞は直後

練習 2　次の下線部に適当な接続詞を入れなさい．

① 私は彼らがきょう来ると思う．　　　　　　　　　　　定動詞は文末！

　Ich glaube, ＿＿＿＿ sie heute kommen.
　　グラオベ

② 彼は私に彼女があす来るかと尋ねる．

　Er fragt mich, ＿＿＿＿ sie morgen kommt.
　　フラークト　　　　if

③ 彼は病気なので家に留まります．

　Er bleibt zu Hause, ＿＿＿＿ er krank ist.
　　ブライプト

間接疑問文

☆ 「…かどうか(知らない)」とか，「いつ/なぜ…なのか(と尋ねる)」というように，疑問文を主文につなげて用いることがあります．このような，主文につなげて用いる疑問文を間接疑問文と言います．

  Ich weiß nicht, ob sie heute kommt.
    ヴァイス   オップ
  私は，彼女がきょう来るかどうか知らない．

  Er fragt, wann sie kommt. 彼は，彼女がいつ来るかと尋ねる．
   フラークト

☆ 間接疑問文は，決定疑問文の場合と補足疑問文の場合とで，作り方が異なります．

 ① 決定疑問文の場合，直接疑問文の動詞を文末に移動させ，接続詞 ob (英 if)を文頭に置いて，主文につなげます．

  Kommt sie heute? 彼女はきょう来ますか． [直接疑問文]
   ⇨ sie heute kommt   動詞文末
    ⇨ ob sie heute kommt   ob の付加
     ⇨ Ich weiß nicht, ob sie heute kommt.

 ② 補足疑問文の場合，直接疑問文の動詞を文末に移動させ，疑問詞をそのまま文頭に置いて，主文につなげます．

  Wann kommt sie? 彼女はいつ来るのですか． [直接疑問文]
   ⇨ wann sie kommt   動詞文末
    ⇨ Er fragt, wann sie kommt.

 ［類例］（主文が疑問文の場合）

  Weißt du, ob sie heute kommt?
  彼女がきょう来るかどうか知っていますか．

  Weißt du, wann er kommt?
  彼がいつ来るのか知っていますか．

ドイツ語の数 (2)　序数と日付

☆ 序数（順番を表す数）は，数字から次のようにして作ります．

1	eins	⇨	erst- エーアスト	2	zwei	⇨ zweit- ツヴァイト
3	drei	⇨	dritt- ドリット	4	vier	⇨ viert- フィーアト
5	fünf	⇨	fünft- フュンフト	6	sechs	⇨ sechst- ゼクスト
7	sieben	⇨	siebt- ズィープト	8	acht	⇨ acht- アハト
9	neun	⇨	neunt- ノイント	10	zehn	⇨ zehnt- ツェーント
11	elf	⇨	elft- エルフト	12	zwölf	⇨ zwölft- ツヴェルフト
13	dreizehn	⇨	dreizehnt- ドライツェーント	14	vierzehn	⇨ vierzehnt- フィルツェーント

☆ 日付に関しては序数を用いた次のような表現を用います．定冠詞をつけて男性形（頭文字は大文字）で表現します．

Den Wievielten haben wir heute?
　　ヴィフィールテン
きょうは何日ですか．

数字で書くときはピリオドをつける
1. 2.

– Heute haben wir den Ersten.
　　　　　　　　　　　　エーアステン
きょうは1日です．

Der Wievielte ist morgen?
　　ヴィフィールテ　　モルゲン
明日は何日ですか．

– Morgen ist der Zweite.
　　　　　　　　　ツヴァイテ
明日は2日です．

24 話法の助動詞 (1)

話法の助動詞も，主語の種類に応じて形を変えます．

CD 51

Ich **muss** Deutsch lernen.
イッヒ ムス ドイチュ レルネン
私はドイツ語を学ばなければならない．

Wir **müssen** Deutsch lernen.
ヴィーア ミュッセン ドイチュ レルネン
私たちはドイツ語を学ばなければならない．

☆ 人称変化

	dürfen	können	möchten	müssen*	sollen	wollen
	デュルフェン …しても よい	ケンネン …できる	メヒテン …したい	ミュッセン …しなければ ならない	ゾレン …すべき である	ヴォレン …するつ もりだ
ich	darf ダルフ	kann カン	möchte メヒテ	muss ムス	soll ゾル	will ヴィル
du	darfst ダルフスト	kannst カンスト	möchtest メヒテスト	musst ムスト	sollst ゾルスト	willst ヴィルスト
er	darf	kann	möchte	muss	soll	will
wir	dürfen	können	möchten	müssen	sollen	wollen
ihr	dürft デュルフト	könnt ケント	möchtet メヒテット	müsst ミュスト	sollt ゾルト	wollt ヴォルト
sie	dürfen	können	möchten	müssen	sollen	wollen

人称変化に注意

* müssen は旧正書法では muss が muß,
  musst が mußt,
  müsst が müßt.

英語の助動詞ににているね
can, must, should, will

24

練習 ( )内の話法の助動詞を，主語に応じて適当な形にして，下線部に入れなさい．

① この車両では禁煙です．(dürfen)

　In diesem Wagen ＿＿＿＿ man nicht rauchen.

（英語の one「人は，だれでも」）

② 私はこの問題が解けない．(können)

　Ich ＿＿＿＿ die Aufgabe nicht lösen.

③ 彼はまもなく住居を明け渡さなければならない．(müssen)

　Er ＿＿＿＿ bald die Wohnung räumen.

④ 子供は親の言うことに従うべきである．(sollen)

　Die Kinder ＿＿＿＿ ihren Eltern gehorchen.

⑤ 彼は私たちをクリスマスに訪ねるつもりだ．(wollen)

　Er ＿＿＿＿ uns zu Weihnachten besuchen.

⑥ 私は喜んで一緒に行きたい．(möchten)

　Ich ＿＿＿＿ gern mitgehen.

話法の助動詞は，方向を表す語句と用いられる場合，本動詞を省略することがあります．

Ich möchte ins Kino [gehen].　私は映画に行きたい．

Ich muss zum Arzt [gehen].　私は医者に行かなければならない．

25 話法の助動詞 (2)

> 話法の助動詞の文では，話法の助動詞が**第2位**，本動詞が**文末**に置かれます．

Ich muss heute einen Brief *schreiben*.
イッヒ ムス ホイテ アイネン ブリーフ シュライベン
私はきょう手紙を書かなければならない．

☆ 話法の助動詞の文は，語句を日本語と同じ順序で並べ，話法の助動詞を**第2位**（前から2番目）に置きます（したがって本動詞が文末に残ります）．

私は	きょう	手紙を	書か	ねばならない．
ich	heute	einen Brief	schreiben	**müssen**

Ich **muss** heute einen Brief *schreiben*.
　　2つめ

☆ 決定疑問文では，話法の助動詞を文頭に置きます．補足疑問文では，疑問詞を文頭に，話法の助動詞を第2位に置きます．

Musst du heute einen Brief *schreiben*?
君はきょう手紙を書かねばならないのですか．

Wem **musst** du heute einen Brief *schreiben*?
誰に君はきょう手紙を書かねばならないのですか．

☆ 副文中では，話法の助動詞は文末に置きます（不定詞＋話法の助動詞）．

Wenn du heute einen Brief *schreiben* **musst**, ...
もし君がきょう手紙を書かねばならないならば，…

25

練習 次の語句を用いて文を作りなさい.

① 私たちは一刻も時間を無駄にできない（⇦ …してはいけない）.
   wir, keine Zeit, verlieren, dürfen

② 君は私たちとハイキングに行きたいですか.
   du, mit uns, wandern, möchten, ?

③ 私は小切手で支払うことができますか.
   ich, mit einem Scheck, bezahlen, können, ?

④ 私は一度ちゃんと熟睡する必要がある.
   ich, einmal, richtig, ausschlafen, müssen

⑤ 君を待っていましょうか（⇦ 待つべきですか）.
   ich, auf dich, warten, sollen, ?

⑥ どこへ君は行くつもりですか.
   wohin, du, fahren, wollen, ?

sollen と müssen の用法

sollen 基本的に主語に対する主語以外の人の意志を表す.

① 話者の要求

Er soll sofort zu mir kommen.
ゾル　ゾフォルト
彼にすぐ私のところへ来るように言ってくれ.

② 話し相手の要求（疑問文で用いられ，話し相手の要求を尋ねる）

Wo soll ich auf Sie warten?　　どこであなたを待ちましょうか.
ヴォー　　　　　　ヴァルテン

③ 主語に対する第3者からの要求

Ich soll ihr das Buch bringen.
イーア　　　　　　ブリンゲン
私はこの本を彼女に届けるように言われている.

④ 主語に関する第3者の主張〈うわさ〉

Es soll morgen schneien.　　明日は雪が降るそうだ.
モルゲン　　シュナイエン

ツークシュピッツェはドイツ最高峰. 標高2963m.

müssen 物事の必然性を表す.

① 状況に基づく不可避性

Ich muss eine Brille tragen, weil ich kurzsichtig bin.
ムス　　　ブリレ　　　　　　　　　　　クルツ・ズィヒティヒ
私は近視なので眼鏡をかけなければならない.

② 目的を遂行する上での必要性

Man muss im Leben Kompromisse machen.
　　　　　　レーベン　コンプロミッセ
人生には妥協も必要である.

③ 印象などに基づく強い推量

Er muss bald kommen.
　　　　　バルト
彼はじき来るに違いない.

Komm mit!

mögen

話法の助動詞 mögen［メーゲン］「…かも知れない」は，あまり用いられませんが，「…が好きだ」という意味の本動詞としてはよく用いられるので，ここで人称変化を覚えておきましょう.

ich mag	wir mögen
マーク	メーゲン
du magst	ihr mögt
マークスト	メークト
er mag	sie mögen

Ich mag grünen Tee.　私は緑茶が好きだ.
　　　　グリューネン テー

未来形

☆ 未来形は，定形の werden [ヴェーアデン] と本動詞との組み合わせによって作ります．多くの場合，**推測**を表し，「…だろう / …でしょう」と訳します．

〈人称変化〉　kommen werden　「来るでしょう」

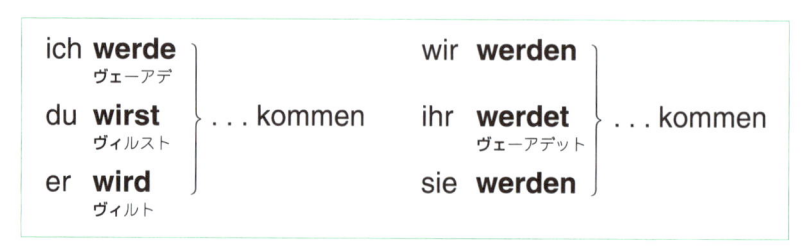

ich **werde**　ヴェーアデ du **wirst**　ヴィルスト　⎫ … kommen er **wird**　ヴィルト　⎭	wir **werden** ihr **werdet**　ヴェーアデット　⎫ … kommen sie **werden**　⎭

☆ 未来形の文は，語句を日本語の順序で並べ，未来の助動詞 (werden) を第2位（前から2番目）に置きます．話法の助動詞の文に準じます．

　　　　彼は　　　まもなく　　来る　　　　でしょう．
　　　　er　　　　bald　　　　*kommen*　　**werden**

　　　　Er　**wird**　bald　　*kommen*.　　本動詞は文末
　　　　　　ヴィルト
　　　　　　②

☆ 決定疑問文は，未来の助動詞 werden を文頭に，補足疑問文は疑問詞を文頭に，未来の助動詞 werden を第2位に置いて作ります．

　　　Wird er bald *kommen*?　　彼はまもなく来るだろうか．

　　　Wann **wird** er *kommen*?　　いつ彼は来るだろうか．

動詞の位置（まとめ）

ドイツ語の平叙文は，日本語の語順で語句を並べ，最後の動詞を文頭から2番目に持って来て作ると説明してきました．

彼は	きょう	彼女と	映画に	いく.
er		heute	mit ihr	ins Kino	[gehen]

Er geht heute mit ihr ins Kino.

また，分離動詞の文の場合，前つづりを文末に残して基礎動詞だけを文頭から2番目に，話法の助動詞文の場合は，日本語の語順で語句を並べ，最後に置かれる話法の助動詞のみを文頭から2番目に持って来るとも説明しました．話法の助動詞の場合，分離前つづりと基礎動詞部分はつなげて書きます．

Er steht morgen früh um 7 Uhr auf[stehen].

Er muss morgen früh um 7 Uhr aufstehen [müssen].

さらにまた，これらの文が副文で用いられる場合，動詞がすべて日本語の語順と同じ順序で文末に置かれ，ドイツ語文が作られます．

..., weil er heute mit ihr ins Kino *geht*.

..., weil ich morgen früh um 7 Uhr auf*stehe*.

..., weil ich morgen früh um 7 Uhr aufstehen *muss*.

ドイツ語にはこのように，主文の定動詞を除いて，動詞が文末に集中する性質があるのです．ドイツの子供も話し始めの頃，Mutti Buch liest. のように，動詞を文末に置いた文を使うとのことです．

26 過去形と過去分詞 (1)

過去形は語幹に **-te** をつけます．
過去分詞は語幹の前に **ge-** を，語幹の後ろに **-t** をつけます．

lieben 愛する — **liebte** — **geliebt**
リーベン　　　　　リープテ　　　　ゲリープト

☆ 大半の動詞は，上に述べたような形で過去形と過去分詞を作ります．

過去形	語幹 + **-te**
過去分詞	**ge-** + 語幹 + **-t**

g の発音注意

fragen 尋ねる — **fragte** — **gefragt**
フラーゲン　　　　フラークテ　　　　ゲフラークト

kaufen 買う — **kaufte** — **gekauft**
カオフェン　　　　カオフテ　　　　ゲカオフト

kochen 料理する — **kochte** — **gekocht**
コッヘン　　　　　コホテ　　　　　ゲコホト

ただし，語幹が **-d**, **-t** で終わるものは **-ete / -et** をつけます．

heiraten 結婚する — **heiratete** — **geheiratet**
ハイラーテン　　　　　ハイラーテテ　　　　ゲハイラーテット

warten 待つ — **wartete** — **gewartet**
ヴァルテン　　　　ヴァルテテ　　　　ゲヴァルテット

baden 入浴する — **badete** — **gebadet**
バーデン　　　　　バーデテ　　　　ゲバーデット

第 6 課の動詞だね

☆ 以上の規則で，過去形と過去分詞を作る動詞を **規則動詞** と呼びます．

26

☆ 不定詞と過去形と過去分詞の3つの形を**三基本形**(三要形)と呼びます．

練習 次の動詞の過去形と過去分詞を書きなさい．

① lernen　学ぶ　_____　_____
レルネン

② loben　ほめる　_____　_____
ローベン

③ parken　駐車する　_____　_____
パルケン

④ sagen　言う　_____　_____
ザーゲン

⑤ spielen　遊ぶ　_____　_____
シュピーレン

⑥ wohnen　住んでいる　_____　_____
ヴォーネン

⑦ arbeiten　働く　_____　_____
アルバイテン

⑧ antworten　答える　_____　_____
アントヴォルテン

⑨ landen　着陸する　_____　_____
ランデン

語幹が -d, -t で終わる

-ieren で終わる動詞

語末が -ieren で終わる動詞は過去分詞で ge- をつけません．

　　diskutieren　討論する　—　diskutierte　—　diskutiert
　　operieren　手術する　—　operierte　—　operiert

27 過去形と過去分詞 (2)

> 一部の動詞は**不規則**に変化します．

gehen 行く — ging — gegangen
ゲーエン　　　　ギング　　　ゲ**ガ**ンゲン

☆ 一部の動詞は過去形を，**幹母音を変化**させて作ります．語尾がつきません．また，過去分詞は，（時に幹母音を変化させ）〈**ge- + 語幹 + -en**〉の形にします．

helfen 助ける	—	half	—	geholfen
ヘルフェン		ハルフ		ゲ**ホ**ルフェン
kommen 来る	—	kam	—	gekommen
コンメン		カーム		ゲ**コ**ンメン
schlafen 眠る	—	schlief	—	geschlafen
シュラーフェン		シュリーフ		ゲ**シュ**ラーフェン
trinken 飲む	—	trank	—	getrunken
トリンケン		トランク		ゲ**ト**ルンケン

☆ これらの動詞を**不規則動詞**と呼びます．

> おぼえよう！

☆ 次の動詞はもっとも重要なものです．しっかり暗記してください．

sein …である	—	**war**	—	**gewesen**
ザイン		ヴァール		ゲ**ヴェ**ーゼン
haben 持っている	—	**hatte**	—	**gehabt**
ハーベン		ハッテ		ゲ**ハ**ープト
werden …になる	—	**wurde**	—	**geworden**
ヴェーアデン		ヴルデ		ゲ**ヴォ**ルデン

27

練習 次の動詞の過去形と過去分詞を，辞書で調べて書きなさい．

① **essen** 食べる ＿＿＿＿＿＿ ＿＿＿＿＿＿
エッセン

② **finden** 見つける ＿＿＿＿＿＿ ＿＿＿＿＿＿
フィンデン

③ **lesen** 読む ＿＿＿＿＿＿ ＿＿＿＿＿＿
レーゼン

④ **rufen** 呼ぶ ＿＿＿＿＿＿ ＿＿＿＿＿＿
ルーフェン

⑤ **schießen** 撃つ ＿＿＿＿＿＿ ＿＿＿＿＿＿
シーセン

⑥ **schreiben** 書く ＿＿＿＿＿＿ ＿＿＿＿＿＿
シュライベン

⑦ **schwimmen** 泳ぐ ＿＿＿＿＿＿ ＿＿＿＿＿＿
シュヴィンメン

⑧ **sprechen** 話す ＿＿＿＿＿＿ ＿＿＿＿＿＿
シュプレッヒェン

⑨ **stehen** 立っている ＿＿＿＿＿＿ ＿＿＿＿＿＿
シュテーエン

一部の動詞は不規則でもさらに上例とは異なった変化をするので，辞書でしっかり過去形と過去分詞を確認すること．

bringen 運ぶ ＿＿＿＿＿＿ ＿＿＿＿＿＿
ブリンゲン

denken 考える ＿＿＿＿＿＿ ＿＿＿＿＿＿
デンケン

wissen 知っている ＿＿＿＿＿＿ ＿＿＿＿＿＿
ヴィッセン

分離動詞と非分離動詞

☆ 分離動詞について 22 課で学びました．分離動詞を用いて文を作る場合，基礎動詞を**第 2 位**に，前つづりを**文末**に置くのでしたね．

ankommen 到着する

Er **kommt** heute in Bonn **an**.
彼はきょうボンに到着する．

anrufen 電話をかける

Ich **rufe** heute meinen Vater **an**.
私はきょう父に電話をかける．

> すでに出てきた分離動詞

ab-	［アップ］	abfahren 出発する	アップ・ファーレン
auf-	［アオフ］	aufstehen 起きる	アオフ・シュテーエン
aus-	［アオス］	aussehen …のように見える	アオス・ゼーエン
ein-	［アイン］	einladen 招待する	アイン・ラーデン
zurück-	［ツリュック］	zurückkommen 戻って来る	ツリュック・コメン

☆ その他の分離前つづり

bei- バイ	**empor-** エンポーア	**fort-** フォルト	**her-** ヘーア	**hin-** ヒン
los- ロース	**mit-** ミット	**nach-** ナーハ	**vor-** フォーア	**weg-** ヴェック
wieder- ヴィーダー	**zu-** ツー	**zusammen-** ツザンメン		

> 辞書で具体例を調べよう

☆ 前つづりのなかには，分離しないものもあります．分離しない前つづりを非分離前つづり，非分離前つづりを持つ動詞を非分離動詞と呼びます．主な非分離前つづりは次のものです．

be-, emp-, ent-, er-, ge-, ver-, zer-, miss-

verbringen ［フェアブリンゲン］ （休暇などを）過ごす

Wir **verbringen** unseren Urlaub am See.
　　　　　　　　　　ウーアラオプ　　　ゼー

＞男性名詞　女性9のときは「海」

私たちは休暇を湖畔で過ごす．

非分離前つづり　アクセントがない

☆ 非分離動詞も，基礎動詞と同じ人称変化をします．基礎動詞が不規則に人称変化する非分離動詞は，やはり不規則に人称変化します．

besuchen ［ベズーヘン］ 訪ねる

ich besuche ベズーヘ	wir besuchen
du besuchst ベズーホスト	ihr besucht
er besucht ベズーホト	sie besuchen

e-st-t-en-t-en だったね

versprechen ［フェアシュプレッヒェン］ 約束する

ich verspreche フェアシュプレッヒェ	wir versprechen
du versprichst フェアシュプ**リ**ヒスト	ihr versprecht
er verspricht フェアシュプ**リ**ヒト	sie versprechen

28 過去形と過去分詞 (3)

> 基礎動詞の部分をまず過去形，過去分詞にして考えます。

CD 61

ankommen — kam ... an — angekommen
アン・コメン　　　カーム　　アン　　アン・ゲコメン
到着する

↑ 主文で用いる時

besuchen — besuchte — besucht
ベズーヘン　　　ベズーホテ　　　ベズーホト
訪問する

☆ 分離動詞

abfahren 出発する — fuhr ... ab — abgefahren
アップ・ファーレン　　　　フーア　　　　　アップ・ゲファーレン

↑ geは間に

過去形にする
(fahren ⇨ fuhr)

基礎動詞を過去分詞にし，前つづりをつける
(fahren ⇨ gefahren)

☆ 非分離動詞

verstehen 理解する — verstand — verstanden
フェアシュテーエン　　　フェアシュタント　　フェアシュタンデン

geはない

過去形にする
(stehen ⇨ stand)

基礎動詞の過去分詞から ge- を取り除いたものに前つづりをつける
(stehen ⇨ gestanden)

28

練習 次の動詞の過去形と過去分詞を，辞書で調べて書きなさい．

① **anrufen**
アン・ルーフェン　電話をかける　_____　_____

② **aufstehen**
ア オフ・シュテーエン　起きる　_____　_____

③ **ausgehen**
ア オス・ゲーエン　外出する　_____　_____

④ **einladen**
アイン・ラーデン　招待する　_____　_____

⑤ **mitkommen**
ミット・コメン　一緒に来る　_____　_____

⑥ **zurückkommen**
ツリュック・コメン　戻って来る　_____　_____

⑦ **untersuchen**
ウンターズーヘン　調査する　_____　_____

⑧ **verbringen**
フェアブリンゲン　過ごす　_____　_____

⑨ **verkaufen**
フェアカオフェン　売る　_____　_____

⑩ **versprechen**
フェアシュプレッヒェン　約束する　_____　_____

基礎動詞の3基本型をマスターするのが基本だね！

29 動詞の形 (5)

過去の人称変化は，主語の種類に応じて，**過去形**に次のような語尾をつけます．

ich	—	wir	—[e]n*
du	—st	ihr	—t
er	—	sie	—[e]n*

* 過去基本形が -te で終わるものは -e を省く．

☆ 今まで学んで来た過去形を，人称語尾のつく基本的な形という意味で，**過去基本形**と呼ぶことがあります．

☆ **tanzen** 踊る
　タンツェン
　⇨ **tanzte** ［過去基本形］
　　タンツテ

ich と er で形が同じ

規則動詞

ich	tanzte	wir	tanzt**en**
du	tanzte**st**	ihr	tanzte**t**
er	tanzte	sie	tanzt**en**

☆ **kommen** 来る
　コンメン
　⇨ **kam** ［過去基本形］
　　カーム

kam は -te で終わらないタイプだね

不規則動詞

ich	kam	wir	kam**en**
du	kam**st**	ihr	kam**t**
er	kam	sie	kam**en**

☆ **規則動詞**はすべて tanzen と同じように，**不規則動詞**は（ほんの一部を除いて）すべて kommen のように人称変化します．

練習 1 次の動詞を過去人称変化させなさい.

① spielen 遊ぶ ⇨ spielte
シュピーレン　　　　シュピールテ

ich _____　　wir _____

du _____　　ihr _____

er _____　　sie _____

② kaufen 買う ⇨ kaufte
カオフェン　　　　カオフテ

ich _____　　wir _____

du _____　　ihr _____

er _____　　sie _____

③ gehen 行く ⇨ ging
ゲーエン　　　　ギング

ich _____　　wir _____

du _____　　ihr _____

er _____　　sie _____

④ trinken 飲む ⇨ trank
トリンケン　　　　トランク

ich _____　　wir _____

du _____　　ihr _____

er _____　　sie _____

練習 2 次の語句を用いて過去形の文を作りなさい.

① Er, heute, Tennis, spielen（彼はきょうテニスをした.）
　　　　　　テニス

_____

② Er, gestern, in Köln, ankommen（彼はきのうケルンに到着した.）
　　　ゲスターン　　ケルン　アン・コメン

_____

③ Er, ihr, Hilfe, versprechen（彼は彼女に手助けを約束した.）
　　　　　ヒルフェ　フェアシュプレッヒェン

_____

④ Er, gestern, in der Buchhandlung, ein Buch, kaufen
　　　　　　　　　　ブーフ・ハンドルング

（彼はきのう本屋で本を買った.）

_____

30 現在完了形 (1)

> 完了形は，〈過去分詞 + **haben**〉の組み合わせをもとにして作ります．

Ich habe gestern ein Buch *gekauft*.
イッヒ ハーベ ゲスターン アイン ブーフ ゲカオフト
私はきのう本を買った．

☆ **人称変化**

ich habe	…	gekauft	wir haben	…	gekauft
du hast	…	gekauft	ihr habt (ハープト)	…	gekauft
er hat	…	gekauft	sie haben	…	gekauft

↖ *habenが人称変化する*

☆ 現在完了形の文は，語句を日本語の順序で並べ，〈過去分詞 + haben〉のhabenの定形（現在形）を**第2位**に置いて作ります．過去分詞は**文末**に置かれます．

私は	きのう	本を	買っ	た．
ich		gestern	ein Buch	*gekauft* **haben**

Ich habe gestern ein Buch *gekauft*.
　　第2位　　　　　　　　　　文末

> ドイツ語の現在完了形は，過去の時点を表す副詞（たとえば gestern）と一緒に用いることができます

30

🟢 **練習 1** 次の動詞の現在完了形を書きなさい（下線部に haben の人称変化形と過去分詞を入れなさい）．

trinken 飲む

ich habe	... _____	wir _____	... _____
du _____	... _____	ihr _____	... _____
er _____	... _____	sie _____	... _____

🟢 **練習 2** 与えられた語句の動詞の完了形（〈過去分詞 + haben〉）を a に書き，次に b に完了形の文を書きなさい．

例 私は手紙を書いた：Ich, einen Brief, schreiben
　　　　　　　　　　　　　　　ブリーフ　シュライベン

　　a : geschrieben haben

　　b : Ich habe einen Brief geschrieben.

① 私は新聞をもう読みました：Ich, die Zeitung, schon, lesen
　　　　　　　　　　　　　　　　　　ツァイトゥング　　　　レーゼン

　　a : _____

　　b : _____

② 彼は一杯のコーヒーを飲んだ：Er, eine Tasse Kaffee, trinken
　　　　　　　　　　　　　　　　　　　　タッセ　カフェ

　　a : _____

　　b : _____

③ 彼女は彼を食事に招待した：Sie, ihn, zum Essen, einladen
　　　　　　　　　　　　　　　　　　　　　　エッセン　アイン・ラーデン

　　a : _____

　　b : _____

31 現在完了形 (2)

疑問文は，話法の助動詞の文に準じて作ります．

Hast du ein Buch **gekauft**?
ハスト ドゥー アイン ブーフ ゲカオフト
君は本を買いましたか．

Was **hast** du **gekauft**?
ヴァス ハスト ドゥー ゲカオフト
君は何を買ったのですか．

☆ **決定疑問文**は，語句を日本語の順序で並べ，助動詞 haben を文頭に置きます．

君は	彼女を	もう	訪ねまし	た	か．
du	sie	schon	*besucht*	**hast**	?

Hast du sie schon *besucht* ?
　　　　　　　ショーン ベズーホト

☆ **補足疑問文**は，疑問詞を文頭に，助動詞 haben を第2位に置きます．

なぜ		君は	彼女を	訪ね	た	のですか．
warum		du	sie	*besucht*	**hast**	?

Warum **hast** du sie *besucht* ?
ヴァルム

☆ 副文では，助動詞 haben を文末に（過去分詞はその直前に）置きます．

Ich weiß, dass du sie *besucht* **hast**.
ヴァイス
私は君が彼女を訪問したことを知っている．

練習 次の動詞から適当なものを選び，現在完了形を下線部に書きなさい．

| kaufen 買う　　kosten （費用が）かかる　　lernen （外国語などを）学ぶ |
| studieren （大学で）学ぶ |

① A: Wo _____ Sie Deutsch _____ ?
ヴォー　　　　　　　　ドイチュ

B: Ich _____ drei Jahre[1] in Heidelberg _____ .
ドライ ヤーレ　　　ハイデルベルク

Dort _____ ich Medizin[2] _____ .
メディツィーン

② A: Wo _____ Sie diesen Computer _____ ?

B: Ich _____ ihn* in Japan _____ .
ヤーパン

A: Wie viel[3] _____ er* denn _____ ?
ヴィー フィール　　　　　　デン

B: Er* _____ nur fünfhundert[4] Euro[5] _____ .
フュンフフンダート　オイロ

▶ 1 = 3年間　　2 = 医学　　3 = いくら(旧正書法では wieviel と一語で書く)　　4 = 5百
　5 = ユーロ(ヨーロッパ連合の貨幣単位；ドイツも導入)　　* = Computer (☞ p.50)

現在完了
いつ使う

現在完了形は，過去の出来事を現在と関連づけながら述べる場合に，過去形は，現在との関係を断ち切り，過去の出来事を思い出しながら描写する場合に用います．したがって，日常会話では現在完了形が，小説や昔話では過去形が用いられます．

32 現在完了形 (3)

> 一部の動詞は **sein** を用いて完了形を作ります．

CD 66

Er ist gestern mit ihr nach Berlin **gefahren**.
エーア イスト ゲスターン ミット イーア ナーハ ベルリーン ゲファーレン
彼はきのう彼女とベルリンに行った．

☆ 人称変化

ich **bin**	… gefahren		wir **sind**	… gefahren
du **bist**	… gefahren		ihr **seid**	… gefahren
er **ist**	… gefahren		sie **sind**	… gefahren

☆ 自動詞の中で次のものが sein によって完了形を作ります．

① 場所の移動を表す動詞

　　gehen （歩いて）行く　　　　**kommen** 来る
　　ゲーエン　　　　　　　　　　　コンメン

　　fahren （乗り物で）行く　　　**fliegen** （飛行機で）行く，飛ぶ
　　ファーレン　　　　　　　　　　フリーゲン

② 状態の変化を表す動詞

　　werden …になる　　　　　　**aufstehen** 起きる
　　ヴェーアデン　　　　　　　　　アオフ・シュテーエン

　　einschlafen 寝入る　　　　　**sterben** 死ぬ
　　アイン・シュラーフェン　　　　シュテルベン

③ その他

　　sein …である　　　　　　　**bleiben** 留まる
　　ザイン　　　　　　　　　　　　ブライベン

32

練習 1 次の動詞の現在完了形を書きなさい（下線部に sein の人称変化形と過去分詞を入れなさい）．

fliegen （飛行機で）行く，飛ぶ

ich bin ... _____   wir _____ ... _____

du _____ ... _____   ihr _____ ... _____

er _____ ... _____   sie _____ ... _____

練習 2 次の下線部に（　）内の動詞の現在完了形を入れ，訳しなさい．

① Wann _____ er nach Deutschland _____? (fliegen)
ヴァン　　　　　　　　　　　ドイチュラント

　– Vor zwanzig Jahren _____ er nach Deutschland _____.
　ツヴァンツィヒ　ヤーレン
　　　　　　　　　　　　　　　複数3格の n

② Wohin _____ Sie im Sommer _____? (fahren)
ヴォヒン　　　　　　　　　ゾンマー

　– Wir _____ nach Frankreich _____.
　　　　　　　　　フランクライヒ

③ Um wie viel Uhr* _____ du heute _____? (aufstehen)
　ヴィー フィール ウーア

　– Ich _____ um 7 Uhr _____.　　*＝何時に（旧正書法では
　　　　　　　　ズィーベン　　　　　　　　　wieviel と一語で書く）

　Und du? Um wie viel Uhr _____ du _____?

④ Was hast du gestern gemacht?
　　　　　　　　　　　　ゲマハト

　– Zuerst _____ ich zur Uni _____. (fahren)
　ツエーアスト

　Danach _____ Anna und ich ins Kino _____. (gehen)
　ダナーハ

101

haben と sein の使い分け

「完了形の助動詞としてふつう haben を用いるが，一部の特定の自動詞の場合にのみ sein によって完了形を作る」ということを述べました．したがって，haben と sein の使い分けは，自動詞においてのみ問題になるわけです．

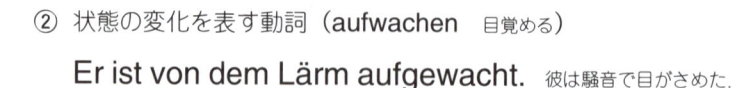

① 場所の移動を表す動詞（gehen 行く）

　　Die Kinder sind zu Bett gegangen. 子供たちはベッドに行った．

② 状態の変化を表す動詞（aufwachen 目覚める）

　　Er ist von dem Lärm aufgewacht. 彼は騒音で目がさめた．

私たちの身の回りの事象の流れは，ある出来事(移動や状態の変化)が起きると，その後に，それに応じたある状態が生じ，その後また他の出来事が起き，それに応じてまた新しい状態が生じるというように，出来事と状態との繰り返しと言うことができます．その「出来事―状態―出来事―状態…」という事象の連鎖の中で出来事(移動や状態の変化)を表す自動詞の場合は sein を用い，その間の状態を表す場合は haben を用いて完了形を作っているのです．したがって，たとえば，次のような対応関係が形成されます．

出来事（変化） **sein**	⇨	状態 **haben**	⇨	出来事（変化） **sein**
einschlafen 寝入る	⇨	schlafen 眠っている	⇨	aufwachen 目覚める

　　Er ist eingeschlafen. 彼は寝ついた．

　　⇨ Er hat geschlafen. 彼は眠っていた．

　　　　⇨ Er ist aufgewacht. 彼は目覚めた．

過去完了形と未来完了形

1 過去完了形は，ある過去の出来事よりもさらに前に起きた出来事を表し，〈過去分詞 + **haben** (**sein**) の過去形〉で作ります．

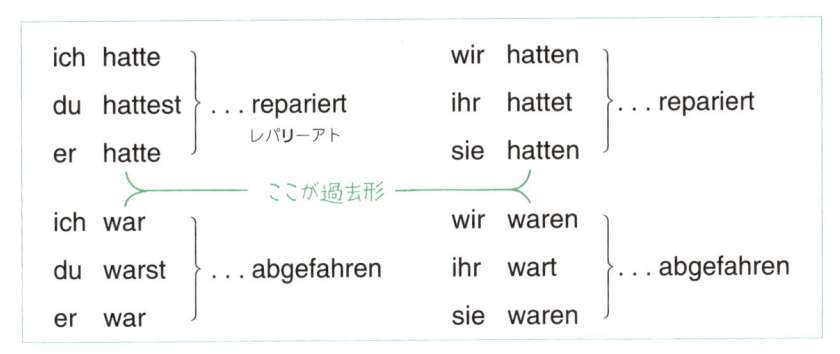

ich hatte		wir hatten		
du hattest	… repariert (レパリーアト)	ihr hattet	… repariert	
er hatte		sie hatten		
ich war		wir waren		
du warst	… abgefahren	ihr wart	… abgefahren	
er war		sie waren		

ここが過去形

🔊 Als ich am Bahnhof ankam, war der Zug schon abgefahren.　私が駅に着いたとき，列車はすでに出発していた．

2 未来完了形は，未来のある時点で完了していると考えられる事柄を表し，〈過去分詞 + **haben** (**sein**) + **werden**〉で作ります．

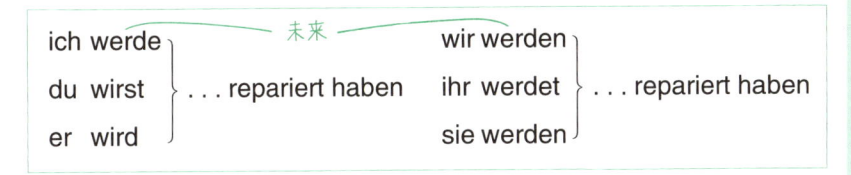

ich werde		wir werden	
du wirst	… repariert haben	ihr werdet	… repariert haben
er wird		sie werden	

未来

🔊 Morgen um 3 Uhr werde ich das Auto repariert haben.　明日3時に車の修理を終えているでしょう．

☆ 未来完了形は，過去の過ぎ去った出来事に関する推量にも用いられます．

🔊 Er wird schon nach Berlin abgefahren sein.
　　彼はもうベルリンに向かって出発したことだろう．

33 受動形 (1)

> 受動形は，〈過去分詞 + werden〉の組み合わせをもとにして作ります．

Der Schüler wird *gelobt*.
デア シューラー ヴィルト ゲローブト
その生徒はほめられる．

☆ 受動文は，語句を日本語の順序で並べ，〈過去分詞 + werden〉の werden を第2位に置いて作ります．過去分詞は文末に置きます．

その生徒は		ほめ	られる．
der Schüler		*gelobt*	**werden**

Der Schüler wird *gelobt*.

☆ **人称変化**（現在形）

ich werde ... gelobt		wir werden ... gelobt
du wirst ... gelobt		ihr werdet ... gelobt
er wird ... gelobt		sie werden ... gelobt

> いつも2番目にくるものが人称変化する

33

練習 1 次の動詞の受動形（現在）を書きなさい．

fragen 尋ねる

ich werde ... _____   wir _____ ... _____

du _____ ... _____   ihr _____ ... _____

er _____ ... _____   sie _____ ... _____

練習 2 与えられた語句の動詞の受動形を a に書き，次に b に受動文を書きなさい．

例 ドアは8時に閉められる：**Die Tür, um 8 Uhr, schließen**
　　　　　　　　　　　　　　　　　　　　アハト　　シュリーセン

　　a： geschlossen werden　　　　　◀過去分詞＋werden に

　　b： Die Tür wird um 8 Uhr geschlossen.　　◀werden を第2位に

① ドアは8時に開く（⇔ 開けられる）：**Die Tür, um 8 Uhr, öffnen**
　　　　　　　　　　　　　　　　　　　　　　　　　　エフネン

　　a： _____

　　b： _____

② ここに病院が建てられる：**Hier, ein Krankenhaus, bauen**
　　　　　　　　　　　　　　　　クランケン・ハオス

　　a： _____

　　b： _____

③ ハンスは病院に運ばれる：**Hans, ins Krankenhaus, bringen**
　　　　　　　　　　　　　　　　　　　　　　　　ブリンゲン

　　a： _____

　　b： _____

能動文から受動文を作る

能動文から受動文を作るには，まず①4格目的語を主語にし，次に②動詞を〈過去分詞＋werden〉の形にします．最後に③必要に応じて，能動文の主語を von＋3格にします．

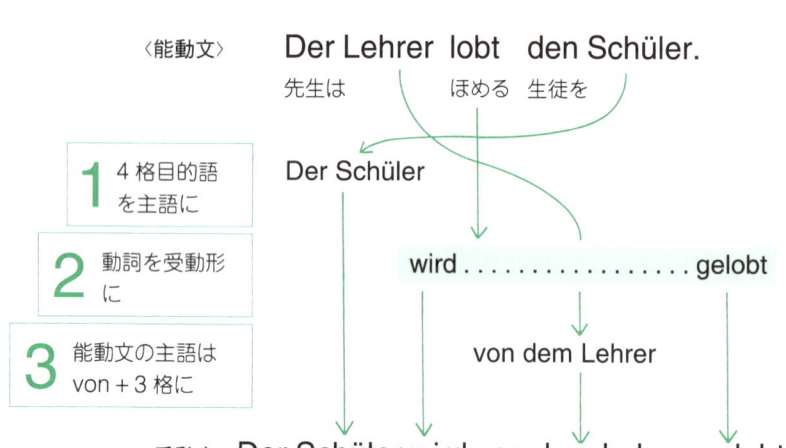

〈能動文〉 Der Lehrer lobt den Schüler.
先生は ほめる 生徒を

1 4格目的語を主語に

2 動詞を受動形に

3 能動文の主語は von＋3格に

Der Schüler

wird .... gelobt

von dem Lehrer

〈受動文〉 Der Schüler wird von dem Lehrer gelobt.
生徒は先生にほめられる．

フランクフルトはヨーロッパの金融の一大中心地．文豪ゲーテ（1749－1832）の生まれた町でもある．フランクフルトから電車で1時間ほどの古都ハイデルベルクはドイツで一番古い大学のあるネッカー河畔の美しい町だ．

もうひとつの例で考えてみよう

男性弱変化名詞
(☞ p. 22)

医者は患者を入念に診察する.

Der Arzt untersucht den Patienten gründlich.
ウンターズーホト　　　　パツィ**エ**ンテン　　グ**リュ**ントリヒ

① 4格を主語にする　⇨　Der Patient
② 動詞を受動形にする　⇨　untersucht werden
③ 主語を von + 3 格に　⇨　von dem Arzt
④ 語句を結びつける　⇨　**Der Patient wird** von dem Arzt gründlich *untersucht*.

Die Universität Heidelberg ist die älteste in Deutschland. Sie wurde 1386 gegründet.

34 受動形 (2)

過去形は **werden** を過去形にして作ります.

Sein Sohn wurde von seinem Lehrer *gelobt*.
ザイン　ゾーン　ヴルデ　フォン　ザイネム　レーラー　ゲローブト
彼の息子は先生からほめられた.

☆ 人称変化（過去形）

ich	**wurde** ヴルデ	...	gelobt
du	**wurdest** ヴルデスト	...	gelobt
er	**wurde**	...	gelobt
wir	**wurden** ヴルデン	...	gelobt
ihr	**wurdet** ヴルデット	...	gelobt
sie	**wurden**	...	gelobt

↑ ここが過去

werden の過去人称変化を復習しよう

Der Briefträger wurde gestern von einem Hund *gebissen*.
ブリーフ・トレーガー
郵便配達人はきのう犬に噛まれた.

beißen の過去形と過去分詞は biss, gebissen

34

● **練習1** 次の動詞の受動形（過去）を書きなさい．

besuchen 訪ねる

ich wurde ... _____   wir _____ ... _____

du _____ ... _____   ihr _____ ... _____

er _____ ... _____   sie _____ ... _____

● **練習2** 与えられた語句の動詞の受動の過去形（〈過去分詞 + wurde〉）を a に書き，次に b に受動文（過去形）を書きなさい．

例　ドアは8時に閉められた：Die Tür, um 8 Uhr, schließen

　　a : geschlossen wurde　　　　　　◀ 過去分詞 + wurde に
　　　　ゲシュ**ロ**ッセン
　　b : Die Tür wurde um 8 Uhr geschlossen.　◀ wurde を第2位に

① ドアは9時に開けられた：Die Tür, um 9 Uhr, öffnen
　　　　　　　　　　　　　　　　　　　　　　ノイン

　　a : _____

　　b : _____

② 彼は大学への入学が許可された：Er, zum Studium, zulassen
　　　　　　　　　　　　　　　　　シュ**トゥ**ーディウム　ツー・**ラ**ッセン

　　a : _____

　　b : _____

③ 街は戦争のとき破壊された：Die Stadt, im Krieg, zerstören
　　　　　　　　　　　　　　　　　ク**リ**ーク　ツェアシュ**テ**ーレン

　　a : _____

　　b : _____

35 受動形 (3)

> werden を完了形にします．全体として
> 〈過去分詞 + **worden** + **sein**〉という形になります．

Das Kind ist gestern *überfahren* worden.
ダス　キント　イスト　ゲスターン　　ユーバーファーレン　ヴォルデン
その子供はきのう車にひかれた．
　　　　　　　　　　　　　　　　　　　　非分離動詞

☆ **人称変化**（現在完了）

ich	bin	...	gelobt worden
du	bist	...	gelobt worden
er	ist	...	gelobt worden
wir	sind	...	gelobt worden
ihr	seid	...	gelobt worden
sie	sind	...	gelobt worden

> werden の過去分詞が geworden ではなく worden であることに注意！

Karl ist von Anna zum Abendessen eingeladen worden.
　　　　　　　　　　　　　　　　　　　アイン・ゲラーデン
カールはアンナに夕食に招待された．

練習 1 次の動詞の受動形（現在完了）を書きなさい．

besuchen 訪ねる

ich bin ... _____ _____　　wir ____ ... _____ _____

du ____ ... _____ _____　　ihr ____ ... _____ _____

er ____ ... _____ _____　　sie ____ ... _____ _____

🟢 **練習 2** 与えられた語句の動詞の受動の完了形（〈過去分詞 + worden + sein〉）を a に書き，次に b に受動文（完了形）を書きなさい．

　　例　ドアは 8 時に閉められた：Die Tür, um 8 Uhr, schließen

　　　　a：geschlossen worden sein

　　　　b：Die Tür ist um 8 Uhr geschlossen worden.

① 彼は病院にかつぎこまれました：Er, ins Krankenhaus, bringen

　　　　a：_____

　　　　b：_____

② 先生は生徒たちから訪問を受けた：
　　Der Lehrer, die Schüler, besuchen

　　　　a：_____

　　　　b：_____

③ 患者は医者によって入念に診察された：
　　Der Patient, der Arzt, gründlich, untersuchen

　　　　a：_____

　　　　b：_____

④ 私は見知らぬ女性から道を尋ねられた：
　　Ich, eine fremde Frau, nach dem Weg, fragen

　　　　a：_____

　　　　b：_____

受動文のバリエーション

1 自動詞も受動文を作ります．主語を省き，定動詞は3人称単数の受動形にして作ります．他の語句は形を変えず，そのままにしておきます．

〈自動詞の文〉　　　Man **arbeitet** heute.
　　　　　　　　　人はきょう働く．

1 主語を省く
　　　　　　　　… arbeitet heute.

2 動詞を受動形にする
　　　　　　　　wird .... gearbeitet

3 文頭には
　a) 文中の語　　**Heute** wird gearbeitet.
　あるいは
　b) es を置く　　**Es** wird heute gearbeitet.

2 〈他動詞の過去分詞 + **sein**〉の組み合わせは，「…されている」という結果的状態を表します．この形を**状態受動**と呼びます．

　　Das Geschäft ist heute geschlossen.
　　　　　ゲシェフト
　　店はきょう閉まっている．

【注】状態受動は，受動の完了形から worden が省かれたものと考えてもよい．
　　〈受動の完了形〉　　　　　　　⇨　〈状態受動〉
　　Die Tür ist geöffnet **worden**.　⇨　Die Tür ist geöffnet.
　　　　　　　　　　　　　worden を省く
　　戸は開かれた．　　　　　　　　　　戸は開かれている．

受動文の存在理由

　受動文は，4格目的語を『話の話題』(「○は×だ」の○)を表す主語として提示したい場合にも用います．次の2つの文のうち，どちらが日本語としてふつうでしょうか．

　① 花子と喫茶店で太郎はコーヒーを飲んだ．
　② 太郎は花子と喫茶店でコーヒーを飲んだ．

②の方ですね．日本語ではふつう「～は」という句で表される『話の話題』が前に来ます．ドイツ語でも同じで，たとえば，「この会社は車を売っています」および「これらの車はある会社が売っているものです」をすなおにドイツ語に直せば，それぞれ③および④になります．

　③ Diese Firma verkauft Autos.
　④ Diese Autos verkauft eine Firma.

日本語の「～は」に当たる Diese Firma および Diese Autos がそれぞれ前に置かれています．④は，いわゆる目的語の先置と言われるものですが，この場合の Diese Autos を主語として先置することはできないでしょうか．できますね．受動文にすればよいのです．受動文にすることによって，Diese Autos という話の話題が主語として文頭に現れ，自然な語順⑤ができあがるわけです．

　⑤ Diese Autos werden von einer Firma verkauft.

私たちは，ある売買関係について語る場合，売り手の方ではなく，売られるものを話題にすることもあります．そのような時に，受動文が役に立つわけです．

36 *zu* 不定詞句

不定詞の直前に **zu** を置いたものを zu 不定詞と呼びます．

gehen ⇨ **zu gehen**
ゲーエン　　ツー ゲーエン

☆ zu 不定詞を他の語句と結びつける場合，語順は，日本語のように，**動詞が末尾**に置かれます．また，分離動詞の場合には分離前つづりと基礎動詞部分との間に zu を入れます．

heute ins Kino zu gehen　　　きょう映画に行く（こと）
キーノ

morgen früh um 7 Uhr aufzustehen　明朝 7 時に起きる（こと）
フリュー

（くっつけて書く）

☆ **zu 不定詞句の用法**

主語　Nach Deutschland zu fahren ist sein Traum.
　　　　　ドイチュラント　　　　　　　　　トラオム
ドイツに行くことは彼の夢である．

zu 不定詞句が主語の場合，文の後ろに持っていくことができます．その際は，空いた主語の位置に es を置きます．

Es ist sein Traum, nach Deutschland zu fahren.

目的語　Er verspricht, fleißig Deutsch zu lernen.
　　　　　　フェアシュプリヒト
彼は熱心にドイツ語を勉強すると約束する．

練習 1 次の不定詞句を zu 不定詞句にしなさい．

① 私の母を訪問する

   meine Mutter besuchen ⇨ _____

② 太郎とテニスをする

   mit Taro Tennis spielen ⇨ _____

③ 花子と映画に行く

   mit Hanako ins Kino gehen ⇨ _____

④ ハンスを夕食に招待する

   Hans zum Abendessen einladen
   アーベント・エッセン
   ⇨ _____

練習 2 上の練習を参照しながら，ドイツ語の文を作りなさい．

① 太郎とテニスをするのは楽しい．

   _____ macht mir Spaß.
   　　　　　　　　　　　　　シュパース

   Es macht mir Spaß, _____.

② 彼は私に私の母を訪問すると約束する．

   Er verspricht mir, _____.

③ 彼は花子を夕食に招待しようと試みる．

   Er versucht, _____.

zu 不定詞句のその他の用法

1. 付加語的用法：zu 不定詞句が「…するところの…」と，名詞の内容を修飾します．

> **Er hat den Wunsch, Pilot zu werden.**
> ヴンシュ　　　ピロート
> 彼の望みはパイロットになることだ．

> **Es gibt keinen Grund, jetzt zu resignieren.**
> 　　　　　　グルント　　　　　　レズィグニーレン
> いまあきらめる理由はない．

> **Hast du etwas zu essen ?** 君は何か食べるものを持っていますか．
> 　　　　エトヴァス

2. zu 不定詞句が前置詞 um および ohne と結びついて，副詞的にも用いられます．

um ～ zu ... 「…するために」

> **Sie geht in die Stadt, um einzukaufen.**
> 　　　　　　　　　　　　　　アイン・ツーカオフェン
> 彼女は買物をするために町に行く．

> **Monika hat uns angerufen, um uns zum Abendessen einzuladen.**
> 　　　　　　　　アン・ゲルーフェン
> 　　　　　　　　アイン・ツーラーデン
> モニカは私たちを夕食に招待するために電話をかけてきた．

ohne ～ zu ... 「…することなしに / …しないで」

> **Er arbeitet, ohne zu essen.** 彼は食事もしないで働く．

> **Der Schüler ging davon, ohne zu grüßen.**
> 　　　　　　　　ギング　　　　　　　　グリューセン
> 生徒はあいさつをしないで立ち去った．

nicht の位置

（文全体を否定する）文否定は，動詞を末尾に置いた語順をもとに，nicht を動詞の前に置き，次に動詞を第2位に移すことによって作ります．

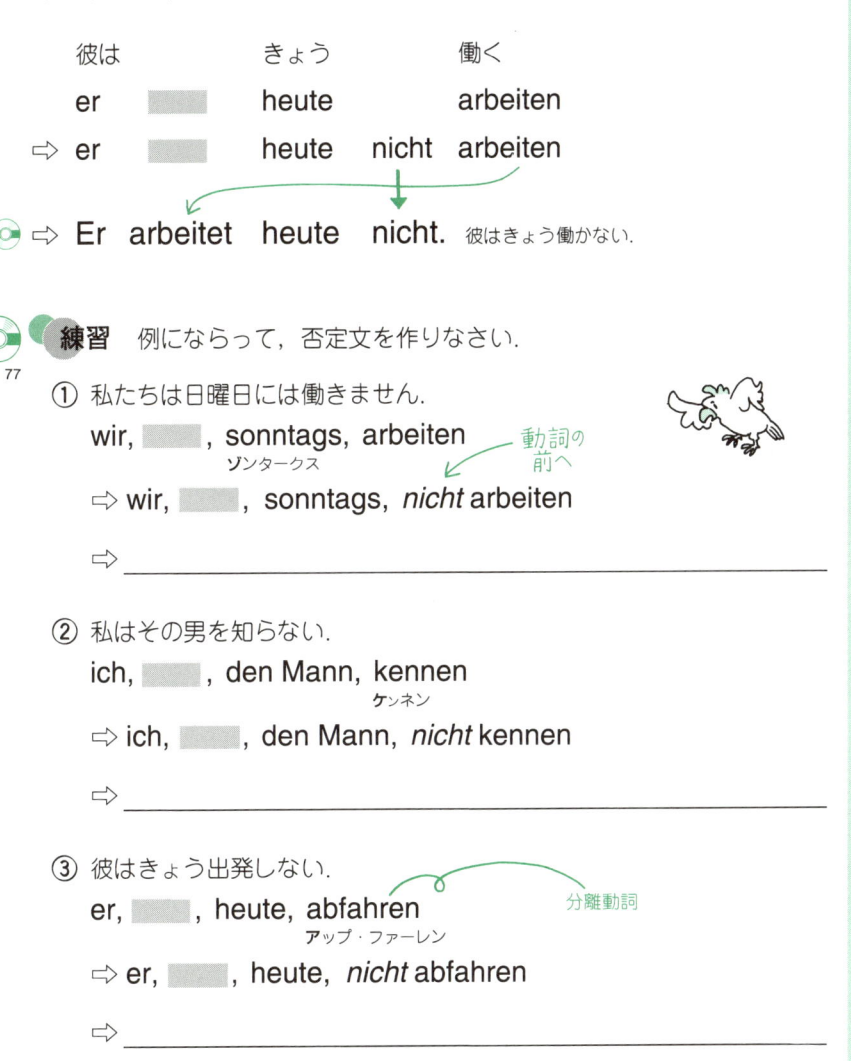

　　　彼は　　　　　　きょう　　　　　働く
　　　er　　　　　　　heute　　　　　arbeiten
⇨　　er　　　　　　　heute　　nicht　arbeiten

⇨ **Er arbeitet heute nicht.** 彼はきょう働かない．

練習　例にならって，否定文を作りなさい．

① 私たちは日曜日には働きません．
　　wir, 　　, sonntags, arbeiten
　　　　　　ゾンタークス
　⇨ wir, 　　, sonntags, *nicht* arbeiten　　動詞の前へ

　⇨ _____

② 私はその男を知らない．
　　ich, 　　, den Mann, kennen
　　　　　　　　　　　ケンネン
　⇨ ich, 　　, den Mann, *nicht* kennen

　⇨ _____

③ 彼はきょう出発しない．
　　er, 　　, heute, abfahren　　分離動詞
　　　　　　　アップ・ファーレン
　⇨ er, 　　, heute, *nicht* abfahren

　⇨ _____

37 比較変化 (1)

> 比較級は原級に **-er** をつけて作ります．
> 最上級は原級に **-st** をつけて作ります．

	比較級	最上級
fleißig —	fleißig**er** —	fleißig**st**
フライスィヒ	フライスィガー	フライスィヒスト
熱心な		

CD 78

☆ 比較級は2つの物事を比べるのに用います．最上級(あるいは最高級)は3つ以上の物事を比べるのに用います．

☆ 主な形容詞の比較級と最上級

> 不規則なものに注意．ウムラウトするものもあるよ

		比較級	最上級
klein	小さい	kleiner	kleinst
クライン		クライナー	クラインスト
faul	怠け者の	fauler	faulst
ファオル		ファオラー	ファオルスト
arm	貧しい	ärmer	ärmst
アルム		エルマー	エルムスト
groß	大きい	größer	größt
グロース		グレーサー	グレースト
gut	よい	besser	best
グート		ベッサー	ベスト
viel	多い	mehr	meist
フィール		メーア	マイスト

37

練習 次の下線部に比較級と最上級を書きなさい．

billig ビリヒ	安い	– _____ – _____
tief ティーフ	深い	– _____ – _____
alt アルト	古い	– _____ – _____
hoch ホーホ	高い	– _____ – _____ （cに注意）
wenig ヴェーニヒ	わずかな	– _____ – _____
teuer トイアー	(値段が)高い	– _____ – _____

e の話

☆ 形容詞 teuer「(値段が)高い」に比較級語尾 -er をつける場合，語幹の e を省きます（teuer ⇨ teurer）．これも，46 ページでも説明した，ドイツ語のリズムに基づく現象なのです．すなわち teuer という形にそのまま比較級語尾 -er をつけますと，リズムが

　　　強 (teu-)　弱 (-er)　弱 (-er)

となってしまいます（ドイツ語はリズムが「強弱弱」となることを嫌うのです）．そのため，語幹の e を省くのです：

　　　強 (teu-)　弱 (-rer)

☆ 形容詞 alt「古い」に最上級語尾 -st をつける場合，語尾の前に e を挿入します（alt ⇨ ältest）．この e は，語幹末尾が -t/-d で終わる動詞（たとえば warten「待つ」）に人称語尾 -st/-t をつけるときに挿入する「口調上の e」と同じものです（wartest/wartet; 6 課参照）．言葉はもともと口から出されるものとして創られたものです．ですから，「発音しやすい」というのが何にもまして重要視されるのですね．

38 比較変化 (2)

> 比較級および最上級を名詞とともに用いる場合、**格語尾**をつけます。

CD 79

Ich suche eine *größere* Wohnung.
イッヒ ズーヘ アイネ グレーセレ ヴォーヌング
私はもっと大きな住まいを探しています。

→ 格語尾

Ich suche die *größte* Wohnung.
イッヒ ズーヘ ディー グレーステ ヴォーヌング
私は一番大きな住まいを探している。

☆ もう一つの具体例

　　　　ein klein-er Park
　　　　　　クライナー　パルク　小さな公園

　　　　der klein-e Park
　　　　　　クライネ

　　　　　　　→ 格語尾

比較級　ein klein-er-er Park （他のものよりも）小さな公園
　　　　　　クライネラー

最上級　der klein-st-e Park （3者以上の間で）最も小さな公園
　　　　　　クラインステ

　　　　　　→ 比較の語尾

> 形容詞の格語尾については16, 17課を復習しよう

☆ 最上級にはふつう、定冠詞をつけます。

38

練習 次の下線部に（　）内の形容詞の比較級か最上級を適当な形にして入れなさい．

① 当時彼はもっと大きな家に住んでいた．(groß)

　Damals wohnte er in einem ＿＿＿＿＿ Haus.
　ダーマールス　ヴォーンテ　　　　　　　　　　　ハオス

② 当時彼はもっと小さな家に住んでいた．(klein)

　Damals wohnte er in einem ＿＿＿＿＿ Haus.

（119ページの「e の話」参照）

③ 当時彼はもっと高い住まいに住んでいた．(teuer)

　Damals wohnte er in einer ＿＿＿＿＿ Wohnung.

④ 当時彼はもっと安い住まいに住んでいた．(billig)

　Damals wohnte er in einer ＿＿＿＿＿ Wohnung.

⑤ あなたはドイツでもっとも高い山を知っていますか．(hoch)

　Kennen Sie den ＿＿＿＿＿ Berg in Deutschland?
　ケンネン　　　　　　　　　　　　　ベルク
　　　　　　　　　　　　　　　　　　　　82ページを見よ！

⑥ あなたは日本でもっとも深い湖を知っていますか．(tief)

　Kennen Sie den ＿＿＿＿＿ See in Japan?
　　　　　　　　　　　　　　　　　　ゼー　　　ヤーパン

Spieglein[1], Spieglein an der Wand, wer ist die Schönste im ganzen Land?

Frau Königin, Sie sind die Schönste hier, aber Schneewittchen[2] ist tausendmal[3] schöner als Sie.

▶ **1** =（小さな）鏡　　**2** = 白雪姫　　**3** = 千倍も

比較変化 (3)

2つのものを比べて「AはBより…だ」と言う場合，〈比較級 + (als ...)〉を用います。
3つ以上のものを比べて，「Aはその中でもっとも…だ」と言う場合，〈定冠詞 + 最上級〉を用います。

Er ist fleißiger als ich.
エーア イスト フライスィガー アルス イッヒ
彼は私よりも勤勉です。

Er ist der fleißigste in der Klasse.
エーア イスト デア フライスィヒステ イン デア クラッセ
彼はクラスで一番勤勉です。

☆ 定冠詞を用いる最上級の場合，定冠詞の選択は，主語の種類に応じます。また，頭文字を大文字にします。

der —ste （男性・単数）　　die —ste　（女性・単数）
das —ste （中性・単数）　　die —sten （複数）

男性なので der
↓
Er ist der fleißigste in der Klasse.
彼はクラスの中でもっとも勤勉です。

女性なので die
↓
Sie ist die fleißigste in der Klasse.
彼女はクラスの中でもっとも勤勉です。

主語の性・数に気をつけよう

☆ 最上級の場合，〈am ... + -sten〉の形も用います（意味は上例と同じ）。

Er / Sie ist am fleißigsten in der Klasse.

39

練習 次の下線部に，（ ）内の形容詞の比較級か最上級を入れなさい．

① ハンスは君よりも賢い．（klug [クルーク]）

Hans ist _____ als du.

4格で差を表します！

② 私の兄は私より3つ上です．（alt）

Mein Bruder ist drei Jahre _____ als ich.
ブルーダー　　　　　　ヤーレ

③ ドイツではガソリンは日本よりも安い．（billig）

In Deutschland ist Benzin _____ als in Japan.
　　　　　　　　　　　ベンツィーン　　　　　　　　　ヤーパン

④ この川はここの方があそこよりも深い．（tief）

Der Fluss ist hier _____ als dort.
　　フルス　　　　　　　　　　　　　ドルト

⑤ この木は庭で一番大きいものだ．（groß）

Der Baum ist der _____ in dem Garten.

⑥ 空腹に勝る美食無し（⇐ 空腹が最善の料理人）．（gut）

Hunger ist der _____ Koch.
フンガー　　　　　　　　　　コッホ

ひとくちメモ

am ... + -sten の形式は，考えうるいくつかの条件のなかで主語の状態を比べ，当該の条件のもとで「一番…だ」と言う場合にも用います．

Jeder Student ist vor dem Examen am fleißigsten.
イェーダー　　　　　　フォーア　エクサーメン

どの学生も試験の前がもっとも勤勉だ．
（⇐ 普段の様々な状況と比べて）

40 比較変化 (4)

> 副詞の比較級は **-er** をつけて作ります．
> 最上級は **am** ... ＋ **-sten** の形を用います．

Er läuft **schneller** als du.
エーア ロイフト シュネラー　　アルスドゥー
彼は君よりも速く走る．

Er läuft **am schnellsten**.
エーア ロイフト アム　シュネルステン
彼は一番速く走る．

☆ 主な副詞の比較級，最上級

	比較級	最上級
gut 上手に グート	— besser ベッサー	— am besten アム　ベステン
gern 喜んで ゲルン	— lieber リーバー	— am liebsten リープステン
viel 多く フィール sehr とても ゼーア	— mehr メーア	— am meisten マイステン

Ich gehe lieber zu Fuß.　　私はむしろ歩いて行きたいです．
　　　　　　　　フース

Er mag am liebsten Wein.　　彼はワインが一番好きです．
　　マーク　　　　　ヴァイン

Er raucht mehr als ich.　　彼は私よりもタバコを多く吸う．
　　ラオホト

Sie liebt ihn am meisten.　　彼女は彼を一番愛している．
　　リープト

練習 1 次の下線部に（　）内の形容詞の比較級か最上級を入れなさい．

① 彼は私よりピアノが上手だ．(gut)

　　Er spielt Klavier ＿＿＿＿＿ als ich.
　　　　　　シュピールト

② その自動車は一番速く走る．(schnell)

　　Der Wagen fährt am ＿＿＿＿＿.
　　　　　　フェーアト

③ 私は君を彼よりも愛している．(sehr)

　　Ich liebe dich ＿＿＿＿＿ als er.
　　　　　　リーベ

④ 彼女はスカート（複数）をはくのが一番好きだ．(gern)

　　Sie trägt am ＿＿＿＿＿ Röcke.
　　　　　　トレークト　　　　　レッケ

⑤ 私はイタリアよりもスイスに行きたい．(gern)

　　Ich will ＿＿＿＿＿ in die Schweiz als nach Italien fahren.
　　　　　　　　　　　　シュヴァイツ　　　　　　イターリエン

（スイスの国名には定冠詞（女性）をつけるよ）

練習 2 lieber を下線部に入れて訳し，会話練習をしなさい．

① Möchtest du ein Glas Wein, Hans?　〔グラス一杯の〕
　　メヒテスト　　　　　　グラース

　　– Nein, ich möchte ＿＿＿＿＿ eine Tasse Kaffee.　〔カップ一杯の〕
　　　　　　　　　　　　　　　　　　　タッセ　　カフェ

② Möchtest du heute ins Kino gehen?　〔in das〕
　　　　　　　　　　　　キーノ

　　– Nein, ich lese ＿＿＿＿＿ ein Buch.

125

原級による比較表現

☆ 原級は，比較級や最上級と対比して，alt とか schön のように，形容詞や副詞の，比較語尾のついていない形を言います．

so + 原級 + wie　「…と同じ位…だ」

Der Lehrer ist so alt wie mein Vater.
　　　　　　　ゾー　　ヴィー
先生は私の父と同い年だ．

Dieses Bild ist genauso schön wie das andere.
　　　　　　　ゲナオゾー　　シェーン
この絵は他のと同じくらい美しい．　　　　　↑ Bildが省略されている

副詞を付加し，様々なバリエーションをつけることができます．

Er ist nur halb so alt wie ich.
　　　　　ハルプ
彼は私の年齢の半分でしかない．

Er verdient doppelt so viel wie ich.
　　フェアディーント ドッペルト
彼は私の倍稼ぐ．

> バルト海に浮かぶドイツ最大の島リューゲン島は夏のリゾート地として人気．この石灰岩の絶壁は100m以上もあるんだ．

nicht so + 原級 + wie 「…ほどは…でない」

Hans ist nicht so dumm wie ich.
　　　　　　　　　ドゥム
ハンスは私ほど馬鹿ではない.

Heute ist es nicht so kalt wie gestern.
ホイテ　　　　　　　　　　　　　　ゲスターン
きょうはきのうほど寒くない.

weniger (minder) + 原級 + als 「…よりも…ではない」

Er ist jetzt weniger fleißig als früher.
　　　イェッツト ヴェーニガー　　　　　　フリューアー
彼はいま以前ほど勤勉ではない.

ゴスラーの Fachwerk と言われる木組みの家. ドイツは文化財保護に非常に力をいれている. 家の中は近代的に改装されているんだ.

41 関係文

> 関係代名詞の形は，先行詞の**性**・**数**と関係文内の**格**をみて決めます．

CD 87

Wo ist das Buch, **das** ich gestern gekauft habe?
ヴォー イスト ダス ブーフ　ダス　イッヒ ゲスターン ゲカオフト ハーベ
私がきのう買った本はどこですか．

☆ まず，先行詞(＝主文の関連する名詞)の**性**・**数**を確かめ，次に，関係文中でどの**格**で用いられているかをみて決めます．

〈先行詞の性・数〉　　　　　〈関係文中の格〉

das Buch　　　　　ich habe [das Buch] gestern gekauft

中性・単数　　　　　　　　4格

das Buch,　**das**　ich gestern gekauft habe

☆ **格変化**(発音に注意．de- が [デー] と長くなる)

	男性	女性	中性	複数
1格	der デーア	die ディー	das ダス	die
2格	dessen デッセン	deren デーレン	dessen	deren
3格	dem デーム	der	dem	denen デーネン
4格	den デーン	die	das	die

> 2格を除くと定冠詞の変化とほとんど同じだね

41

☆ 関係文では，定動詞は**文末**に置かれます．また，制限的，非制限的用法に関係なく，前[後]にコンマを打ちます．

— 副文の語順になる

Mein Sohn, der krank war, ist wieder gesund.
　　　ゾーン　　　　クランク　　　　　ヴィーダー　ゲズント
私の息子は病気だったのだが，もう健康になった．

練習 先行詞の性・数，および関係文中での格関係を考え，(　　)内に適当な関係代名詞を入れなさい．

① そこに立っている男性は私の叔父です．

　Der Mann, (　　　) dort steht, ist mein Onkel.
　　　マン　　　　　　　シュテート

② 彼は道端にあるベンチに座った．

　Er setzte sich auf eine Bank, (　　　) am Weg stand.
　　　ゼッツテ　　　　　　　　女性　　　　　　ヴェーク　シュタント

③ 私がきのう買った時計はもう壊れた．

　Die Uhr, (　　　) ich gestern gekauft habe,
　　　ウーア
　ist schon kaputt.
　　ショーン　カプット

④ 私はきのう借りた本を探している．　　　　　leihen

　Ich suche das Buch, (　　　) ich gestern geliehen habe.
　　　　　　　　　　　　　　　　　　　　　　　ゲリーエン

⑤ そこに私が君に写真を見せた駅がある．

　Dort steht der Bahnhof, (　　　) Bild ich dir gezeigt habe.
　　　　　　　バーンホーフ　　2格　　　ビルト　　　　ゲツァイクト

⑥ 彼女がそこで踊っている男性は私の父です．

　Der Mann, mit (　　　) sie da tanzt, ist mein Vater.
　　　　　　　　3格支配　　　　　タンツト

129

Z先生のステップアップ・ゼミ

関係詞のバリエーション

1 関係副詞 wo

関係文で，関係代名詞を含む前置詞句が場所（「どこそこで」）を表す場合，関係副詞 wo を用いることができます．

Ich liebe die Stadt, **wo** ich geboren bin.
シュ**タ**ット　　　　　　　　ゲ**ボ**ーレン

Ich liebe die Stadt, *in der* ich geboren bin.

私は自分の生まれた町を愛している．

> in der は「町の中で」と3格で場所を表しているね

なお，先行詞が地名の場合，かならず関係副詞 wo を用います．

Ich fahre heute nach Bonn, **wo** ich studiert habe.
　　　　　　　　　　　　　　　　シュトゥ**ディ**ーアト
= in Bonn

私は大学に通っていたボンにきょう行きます．

> Bern ist die Hauptstadt von der Schweiz.

2 不定関係代名詞 was

先行詞が alles, etwas, nichts などの不定代名詞や文意の場合，関係代名詞として was を用います。

Alles, **was** du brauchst, kannst du in dem Geschäft
アレス　　　　　ブラオホスト　　　　　　　　　　　ゲシェフト

kaufen.　君が必要とするものはすべてその店で買うことができる．

Er vergisst *nichts*, **was** er einmal gehört hat.
　フェアギスト　　　　　　　　アインマール ゲヘーアト
彼は一度聞いたことは忘れない．

> vergisst は旧正書法では vergißt

音楽の都ウィーンはオーストリアの首都．この建物は国立オペラ座．

Berlin

西ドイツと東ドイツの統一で再び首都になりました．

ドイツ統一の象徴ともいえるブランデンブルク門

もう今はなくなってしまった壁と監視塔．写真は西ベルリンから撮ったものです．

ヴィルヘルム皇帝記念教会は第2次世界大戦で破壊されたそのままの姿で残されています．

旧東ベルリンのアレキサンダー広場

次のステップへ
すすむために

接続法とは

☆ 私たちは，言葉を話すとき，「東京には空がない」とか「明日智恵子と映画に行く」とか，単に自分の考えや気持ちを述べるだけではなく，「東京には空がないと智恵子が言った」というように，**人の言葉**をさらに人に伝えたり，「もし健康だったら，智恵子と映画に行くのに」と，ありえない**非現実**のことを想定したりして話します．

☆ 文法では，「…と言った」のような表現様式（人の言葉を伝える）を**間接話法**といい，後者「もし…なら，…だろうに」のような表現様式（非現実のことを想定して述べる）を**非現実話法**と言います．

```
人の言葉を伝える    ⇨   間接話法
非現実のことを想定する ⇨  非現実話法
```

ドイツ語の場合，このようなことを表すのに，**接続法**という特別な動詞の形を用います．接続法には，**第 1 式**と**第 2 式**という 2 つの形があり，次のような対応が成り立ちます．

```
接続法 ┬ 間接話法   ── 第 1 式
       └ 非現実話法 ── 第 2 式
```

英語の仮定法みたいなものだよ

☆ これから学ぶ接続法に対して今まで学んで来た動詞の形を──詳しく言うと命令形を除いて──直説法と言います．したがって，動詞の形には，次の 3 種類があることになります．
　① 直説法の形
　② 命令［法の］形
　③ 接続法の形

42 接続法 (1)

第1式は，次の語尾を動詞の語幹につけて作ります．
e が含まれているのが特徴です．

CD 90

ich	—e	wir	—en
du	—est	ihr	—et
er	—e	sie	—en

☆ 人称変化

		kommen	haben	warten
ich	語幹-e	komme	habe	warte
du	語幹-est	kommest コメスト	habest ハーベスト	wartest
er	語幹-e	komme	habe	warte
wir	語幹-en	kommen	haben	warten
ihr	語幹-et	kommet コメット	habet ハーベット	wartet
sie	語幹-en	kommen	haben	warten

☆ 動詞 sein は少し例外的な人称変化をします．

ich	sei ザイ	wir	seien ザイエン
du	seist ザイスト	ihr	seiet ザイエット
er	sei	sie	seien

ich と er が同じだね

練習 次の動詞の接続法第1式の人称変化を書きなさい．

① trinken 飲む

ich trink___	wir trink___
du trink___	ihr trink___
er trink___	sie trink___

② kaufen 買う

ich kauf___	wir kauf___
du _____	ihr _____
er _____	sie _____

③ gehen 行く

ich geh___	wir _____
du _____	ihr _____
er _____	sie _____

④ werden …になる

ich werd___	wir _____
du _____	ihr _____
er _____	sie _____

Baum と Holz

みなさんは森に生えている「木」もたきぎになった「木」もみな「木」と呼びますね．ドイツ語では前者を *der* Baum [バオム]，後者を *das* Holz [ホルツ] と呼びます．

① Im Garten steht ein Baum.　庭に一本の木が立っている．

② Er heizt den Ofen mit Holz.　彼は木でストーブをたく．

言語は私たちの考えや気持ちを他の人に伝えるための手段です．したがって，それぞれの国の人が世の中の出来事をどう捉えるか，周囲の環境をどう言語的に処理するかがそれぞれの言語の語彙の面（単語の意味の面）に少しずつ異なった形で現れています．日本語には日本語独得の，ドイツ語にはドイツ語独得の表現形式があるのです．私たちがドイツ語を知るということはこのドイツ語独得の言語的捉え方を知ることでもあると言えるでしょう．みなさんも今後，こんなことにも目を向けながらドイツ語を学んだらいかがでしょうか．

43 接続法 (2)

第2式は，規則動詞の場合と不規則動詞の場合で作り方が異なります．

[規則動詞] kaufen ⇨ er kaufte
カオフェン　　エーア カオフテ

[不規則動詞] kommen ⇨ er käme
コンメン　　　エーア ケーメ

☆ 規則動詞の場合，直説法過去と同形になります．

		kaufen 買う	lernen 学ぶ
ich	語幹-te	kaufte	lernte
		カオフテ	レルンテ
du	語幹-test	kauftest	lerntest
er	語幹-te	kaufte	lernte
wir	語幹-ten	kauften	lernten
ihr	語幹-tet	kauftet	lerntet
sie	語幹-ten	kauften	lernten

過去基本形

過去形と同じだ！

過去形は語幹 + te

練習 1 次の動詞の接続法第2式の人称変化を書きなさい．

① tanzen 踊る
⇨ 過去形 tanzte

ich _____　　wir _____
du _____　　ihr _____
er _____　　sie _____

② kochen 料理する
⇨ 過去形 kochte

ich _____　　wir _____
du _____　　ihr _____
er _____　　sie _____

☆ 不規則動詞の場合，過去形の幹母音をウムラウトさせうるものはウムラウトさせた上で，それに第1式の語尾をつけます．ただし，過去形が -e に終わるものの場合は語尾の e を省きます．

		kommen	haben	sein	werden
	過去形	kam	hatte	war	wurde
ich	—[e]	käme ケーメ	hätte ヘッテ	wäre ヴェーレ	würde ヴュルデ
du	—[e]st	kämest ケーメスト	hättest	wärest	würdest
er	—[e]	käme	hätte	wäre	würde
wir	—[e]n	kämen ケーメン	hätten ヘッテン	wären ヴェーレン	würden ヴュルデン
ihr	—[e]t	kämet ケーメット	hättet ヘッテット	wäret ヴェーレット	würdet ヴュルデット
sie	—[e]n	kämen	hätten	wären	würden

（過去形が e で終わる場合）

練習 2 次の動詞の接続法第 2 式の人称変化を書きなさい．

① geben 与える
　⇨ 過去形 gab

ich _____   wir _____
du _____   ihr _____
er _____   sie _____

② gehen 行く
　⇨ 過去形 ging

ich _____   wir _____
du _____   ihr _____
er _____   sie _____

③ lesen 読む
　⇨ 過去形 las

ich _____   wir _____
du _____   ihr _____
er _____   sie _____

④ können 出来る
　⇨ 過去形 konnte

ich _____   wir _____
du _____   ihr _____
er _____   sie _____

44 接続法 (3)

> 接続法第1式は主に，**間接話法**で用いられます．

Er sagte, dass er seine Tante besuche.
エーア ザークテ ダス エーア ザイネ タンテ ベズーヘ
彼はおばを訪ねると言った．

（参照：Er sagte: „Ich besuche meine Tante."）

☆ **第1式**は，「…と言う」などの，…に当たる部分，すなわち伝言内容の部分に用いられます．接続詞 dass を用いないで，主文形式をとって用いられることもあります．

Er sagte, er besuche seine Tante.

なお，直説法(☞ p. 133「接続法とは」)と同形になる場合，第2式が用いられます．

Anna und Hans sagten, sie besuchten ihre Tante.
アンナとハンスは彼らのおばを訪ねると言った．

> 主語が複数形(1人称・3人称)の場合，第1式の形と直説法現在の形は共に besuchen で，同じになりますね．

Ich wurde gefragt, ob ich davon etwas wisse.
　　　　ヴルデ　　　　　オップ　　ダフォン　　　　ヴィッセ
私はそれについて何か知っているかと尋ねられた．

Er fragte, was sie heute Abend* vorhabe.
　　　　　　　　　　　　　　　　　　　フォーア・ハーベ
彼は彼女が今晩どんな予定があるのかと尋ねた．

　　旧正書法では heute abend と小文字で書きます．

練習 (　　)内の動詞を接続法第1式の形にして下線部に入れなさい．

① 彼はドイツに行くと言った．(fliegen)

　　Er sagte, er ＿＿＿＿＿ nach Deutschland.
　　　　　　　　　　　　　　ドイチュラント

② 彼は彼女がすぐに戻って来ると言った．(zurückkommen)

　　Er sagte, dass sie gleich ＿＿＿＿＿.　＼分離動詞
　　　　　　　　　グライヒ

③ 彼は彼女に手紙を書くつもりだと言った．(wollen)

　　Er sagte, er ＿＿＿＿＿ ihr schreiben.
　　　　　　　　　　　　　　　シュライベン

④ 彼女は私にいつ来てもいいと返答した．(können)

　　Sie erwiderte mir, ich ＿＿＿＿＿ jederzeit kommen.
　　　　エアヴィーデルテ　　　　　　　　　　　　イェーダーツァイト

⑤ 彼はハンスも招待されるかと尋ねた．(werden)

　　Er fragte, ob Hans auch eingeladen ＿＿＿＿＿.
　　　　　　　　　　　　　　　　　アイン・ゲラーデン

Deutschland

間接話法で，Er sagte ... などの主文を省略し，発話内容を述べる部分だけを繰り返すことがあります．

　　Er sagte, er wolle nach Deutschland fahren. *Er studiere* in Deutschland Linguistik.
　　　　　　　　　　　　　　　　　　　　　　　リングイスティク
　　彼はドイツに行きたいと言った．彼はドイツで言語学を学ぶとのことだ．

139

45 接続法 (4)

接続法第2式は主に、**非現実話法**で用います。

Wenn ich Geld hätte, kaufte ich ein Auto.
ヴェン　イッヒ　ゲルト　ヘッテ　カオフテ　イッヒ　アイン　アオトー
もしお金があれば、自動車を買うのだが。
（実際はお金がないので私は自動車を買うことができない。）

☆ **非現実話法**とは、非現実の仮定的条件（wenn 文）とその帰結（主文）を述べるもので、主文と副文に**第2式**を用います。

Wenn ich Zeit hätte, ginge ich mit ihr ins Konzert.
　　　　　　　　　　　　　　　　　　　　　　　コン**ツェ**ルト
もし時間があれば私は彼女とコンサートに行くのだが。
（実際は時間がないので私は彼女とコンサートに行けない。）

☆ 第2式は〈**不定詞** + **würde**〉によってよく書き換えられます。第2式の形が直説法過去のそれと同一の場合は特に würde の形式が好まれます。

Wenn ich Zeit hätte, würde ich mit ihr ins Konzert gehen.
　　　　　　　　　　ヴュルデ

Wenn ich Geld hätte, würde ich ein Auto kaufen.

kaufen は ich では2式が直説法過去と同形になるね

☆ 非現実話法の**条件部分**は、前置詞句で表されることもあります。

An deiner Stelle würde ich ihn noch einmal fragen.
　　　シュテレ　　　　　　　　　　　　　アインマール
君の立場ならば私は彼にもう一度尋ねるだろう。

45

練習 （　）内の動詞を接続法第2式の形にして下線部に入れなさい．

① 時間があれば，彼は映画を見に行くのだが．(haben / gehen)
Wenn er Zeit ＿＿＿＿＿, ＿＿＿＿＿ er ins Kino.
　　　　ツァイト

② お金があれば私たちは家を買うでしょうに．(haben / werden)
Wenn wir Geld ＿＿＿＿＿, ＿＿＿＿＿ wir ein Haus kaufen.

③ 時間があれば私は君の手助けをするのだが．(haben / werden)
Wenn ich Zeit ＿＿＿＿＿, ＿＿＿＿＿ ich dir helfen.
　　　　　　　　　　　　　　　　　　　　ディーア

④ 億万長者だったら，何をしますか．(werden / sein)
Was ＿＿＿＿＿ Sie machen, wenn Sie Millionär ＿＿＿＿＿ ?
　　　　　　　　　　　　　　　　　　　　ミリオネーア

⑤ 手助けしていただければ，私はあなたに非常に感謝するでしょう．(sein / können)
Ich ＿＿＿＿＿ Ihnen sehr dankbar, wenn Sie mir helfen ＿＿＿＿＿.
　　　　　　　　　ゼーア

＞ ていねいに頼む言い方

⑥ 一度私たちのところに遊びに来てくだされば，嬉しいのですが．(werden / werden)
Ich ＿＿＿＿＿ mich freuen, wenn Sie uns einmal besuchen ＿＿＿＿＿.
　　　　　　　　　　　　　フロイエン

＞ ⑤と⑥は外交的接続法とも言います（☞ p. 144）

46 接続法 (5)

> 「…をしたと言う」のように，過去の事柄について述べる場合，〈過去分詞 + haben（一部 sein）の接続法〉の組み合わせを用います．

Er sagte, dass er ein Haus gekauft habe.
エーア ザークテ ダス エーア アイン ハオス ゲカオフト ハーベ
彼は家を買ったと言った．

☆ 上例は，間接話法の例文ですが，非現実話法で「もし…だったら…だったのに」と，過去の事柄に関する仮定を表す場合も，〈過去分詞 + haben（一部 sein）の接続法〉の組み合わせを用います．

Wenn er Geld gehabt hätte, wäre er nach Deutschland gefahren.
　　　　　　　ゲハープト　ヘッテ　ヴェーレ
もしお金があったならば，彼はドイツへ行ったことでしょう．

☆ この組み合わせを**接続法過去**と呼びます．接続法過去の場合，それぞれの動詞が直説法の完了形を作るのに haben を用いるならば haben を，sein を用いるならば sein を用います．

〈接続法第 1 式過去〉

ich habe	sei
du habest	seist
er habe ⎫	sei ⎫
wir haben ⎬ … gekauft	seien ⎬ … gefahren
ihr habet	seiet
sie haben ⎭	seien ⎭

〈接続法第2式過去〉

ich hätte		wäre		
du hättest		wärest		
er hätte	...gekauft	wäre	...gefahren	
wir hätten		wären		
ihr hättet		wäret		
sie hätten		wären		

練習　下線部に（　）内の動詞を接続法過去の形にして入れなさい．

① 彼は彼女がすでに帰宅したと言った．(gehen)

　Er sagte, dass sie schon nach Hause ＿＿＿＿＿＿

　＿＿＿＿＿＿．

② 彼らはボンで下車したと言った．（aussteigen [アオス・シュタイゲン]）

　Sie sagten mir, sie ＿＿＿＿＿＿ in Bonn ＿＿＿＿＿＿．

③ 彼はハンスが試験に合格したと言った．（bestehen [ベシュテーエン]）

　Er sagte, Hans ＿＿＿＿＿＿ die Prüfung ＿＿＿＿＿＿．

④ お金があったら，彼は日本へ行っていたでしょう．(haben / fahren)

　Wenn er Geld ＿＿＿＿＿＿ ＿＿＿＿＿＿, ＿＿＿＿＿＿ er nach Japan ＿＿＿＿＿＿．

接続法第 2 式の特別な用法

☆ 物事を丁寧に頼んだり，主張したりする場合，接続法第 2 式を用いることがあります(＝外交的接続法；45 課の練習 ⑤ ⑥ も外交的接続法の例です).

Ich hätte eine Frage.
質問があるのですが．

(⇨ Ich habe eine Frage.)

Das wäre vielleicht möglich.
そういうこともひょっとするとありうるかもしれません．

(⇨ Das ist vielleicht möglich.)

Darüber müssten Sie mit dem Chef sprechen.
そのことについては上司と話して頂かねばならないと思います．

(⇨ Darüber müssen Sie mit dem Chef sprechen.)

Könnten Sie das Fenster öffnen?
窓を開けて頂けませんか．

(⇨ Können Sie das Fenster öffnen?)

☆ 英語の *as if*「あたかも…であるかのように」にあたる als ob でも，接続法第 2 式が用いられる．

Er sieht aus, als ob er krank wäre.
彼はまるで病気のように見える．

Er tut so, als ob er sie nicht gesehen hätte.
彼はまるで彼女が目に入らなかったかのように振る舞う．

> ハイデルベルク駅前のバス停とツーリストインフォメーション！ Gute Reise und viel Spaß!

> ドイツの商店街は歩行者天国 (Fußgängerzone) になっている．古い町では市庁舎や教会のある町の中心に通じていることが多いよ．

接続法の時制

まとめ

接続法の時制は，文脈・主文と①「同時」，②「より前」，③「より後」の3種類があります．

① 主文・文脈と**同時**の事柄を表す場合は，第42課で学んだ形を用います．これらの形態を**接続法現在**と呼びます．　第1式現在

　Er sagte ihr, er vergesse sie nie.
　　　　　　　　　フェアゲッセ　　　ニー
　彼は彼女に彼女のことを決して忘れないと言った．

② 主文・文脈**「より前」**の事柄を表す場合は，46課で学んだ形を用います．　　　　　　　　　　　　　　　　　接続法過去

③ 主文・文脈**「より後」**に起こるであろう事柄を表す場合は，接続法第1式現在を用いるか，〈不定詞と werden の接続法第1式〉の組み合わせを用います．後者の組み合わせは**接続法未来**と呼びます．

　Er sagte ihr, er werde sie nie vergessen.
　彼は彼女に彼女のことを決して忘れないだろうと言った．

ドイツ語と英語の「語順」

ドイツ語の「語順」でまず始めに学ぶのが，**定形第 2 位**という原則です．英語では，動詞は何番目に置くと学びましたか．「彼は私を訪問する」という文をドイツ語と英語で挙げてみましょう．

① ドイツ語：*Er besucht mich.*
　英　語：*He visits me.*

この場合，ドイツ語でも英語でも，動詞は共に「第 2 位」に置かれていますね．しかし，「しばしば」という意味の副詞を入れますと，ドイツ語では動詞はあくまで「第 2 位」に位置するのに対して，英語では「第 2 位」から「第 3 位」に押し出されてしまいます．

② ドイツ語：*Er besucht mich oft.*　（2番め）
　　　　　　（又は：*Oft besucht er mich.*）
　英　語：*He often visits me.*

このように，ドイツ語では動詞の位置を（もちろん上例のような「平叙文」においてですが）「第 2 位」と規定できるのに対して，英語では動詞を何番目に置くとは単純に言い切れないのです．

　次に，主語の位置を見てみましょう．今述べた動詞の位置とも密接に関連していますが，副詞を文頭に置く場合（③，④），英語では主語が原則的に「動詞の前」に置かれるのに対し，ドイツ語では「定形第 2 位」の原則が優先され，主語は「動詞の後ろ」に置かれることになります．

③ 英　語：*Certainly he comes.*　（2番め）
　ドイツ語：*Sicher kommt er.*　きっと彼は来る．
④ 英　語：*Yesterday he went to the park.*
　ドイツ語：*Gestern ging er in den Park.*　きのう彼は公園に行った．
　　　　　　　　　　（2番め）

このようにドイツ語の場合，主語の位置が動詞の前(①，②)にも後ろ(③，④)にも置かれ，動詞との位置関係が不定であるのに対して，英語では原則的に「動詞の前」と決められているのです．

最後に，助動詞の文における本動詞の位置を見てみましょう．「彼は英語を非常に上手に話せる」という意味の文を英語とドイツ語で挙げてみます．

⑤ 英　　語：*He can speak English very well.*

　ドイツ語：Er kann Englisch sehr gut sprechen.
　　　　　　　　2番め　　　　　　　　　　文末

英語では原則的に，本動詞は助動詞の直後に置かれますが，ドイツ語では文の最後の位置，すなわち「文末」に置かれます．ここで注意してもらいたいのが「文末」という概念です．英語では「文末」にどのような語を置くのかがあまり問題になりません．上例でも副詞句 *very well* がなければ「文末」に置かれるのは *English* です．それに対して，ドイツ語では本動詞は常に「文末」に置かれるのです．このようにドイツ語で「文末」という概念が重要な意味を持つのは，話法の助動詞の場合に限らず，たとえば完了文や受動文の場合でも同様です．これらの場合にも，「過去分詞は文末に」というような規則が成り立つのです．

⑥ Er ist gestern in den Park gegangen.
　　2番め　　　　　　　　　　　　　文末
　　彼はきのう公園に行った．

⑦ Er wurde gestern im Garten ermordet.
　　2番め
　　彼はきのう庭で殺された．

以上，ドイツ語と英語の「語順」における3つの相違点を挙げましたが，結論的に言いますと，ドイツ語では「文頭」とか「第2位」とか「文末」とかいう文全体の中における「順番」が重要な意味を持つのに対して，英語では「主語は動詞の前」とか「本動詞は助動詞の後ろ」とかいうような語句同士の「局部的な」順序関係が重要な意味を持つのです．

「新正書法」4つのポイント

1998年8月施行の「新正書法」によって変更されたドイツ語正書法上の，重要な4つのポイントを挙げておきましょう．

1 ß と ss

従来は，前の母音が短く，かつ後ろにも母音がある場合に ss と綴るが，「新正書法」では先行する母音のみを基準にする．すなわち，先行する母音が長母音か二重母音の場合は ß，短母音の場合は ss と綴る．したがって，短母音に後続する場合，（後ろに母音が来なくても）かならず ss になる．

| daß | 従来 | ⇨ | dass | 新 |
| Fluß | | | Fluss | |

◆ 従来，後ろの母音の有無によって生じた，同一語内における ss と ß の混在 (küssen ⇨ küßte) が原則的に解消されるが (küssen ⇨ küsste)，母音の長短が混在する場合は，ss と ß の混在がそのまま残る (essen ⇨ aß)．

2 大文字書き

従来，小文字で書いていた次のようなものも，大文字で書く．

① **gestern, heute, morgen** などに続く一日の時間区分を表す名詞

| heute morgen | ⇨ | heute Morgen |
| gestern nacht | | gestern Nacht |

② 動詞，前置詞と結合する熟語的名詞

| recht haben | ⇨ | Recht haben |
| in bezug auf | | in Bezug auf |

③ **名詞化された形容詞**

auf deutsch	auf Deutsch
jung und alt ⇨	Jung und Alt
alles mögliche	alles Mögliche
im allgemeinen	im Allgemeinen

◆「ドイツ語で」という場合の deutsch は副詞なので従来どおり小文字で書き始める：

Er spricht deutsch.　　彼はドイツ語で話す．

◆ 前置詞と形容詞が結合する場合，冠詞がなければ，小文字で書く：

ohne weiteres　　あっさりと

◆ 手紙で文中でも大文字で書き始めた2人称代名詞 du / ihr は小文字で書き始める．

3 分かち書き

従来，一語で書いていた次のような語結合も分かち書きをする．

① **動詞，名詞的分離前つづり + 動詞**

kennenlernen ⇨	kennen lernen
kopfstehen	Kopf stehen

② **形容詞，複合的副詞 + 動詞**

bekanntmachen ⇨	bekannt machen
vorwärtsgehen	vorwärts gehen

なお，動詞 sein との結合は，常に分かち書きされる．

dasein ⇨	da sein

③ **so / zu / wie** + 形容詞

soviel Geld		so viel Geld
zuviel Geld	⇨	zu viel Geld
wieviel Personen		wie viel[e] Personen

◆ 動詞の場合，一語で書くか分けて書くかによる意味的使い分け(たとえば，従来，一語で書く sitzenbleiben は「落第する」を表し，分けて書く sitzen bleiben は「座ったままでいる」を表す)がなくなる一方，形容詞の場合は一部，schwarzsehen「受信料を払わないでテレビを見る」と schwarz sehen「(物事を)悲観的に見る」のように2様が認められるものもある．

4 行末での分綴

① -ck- は，-k-k- と分けず，その前で分綴する．

backen	bak-ken	ba-cken
Zucker	Zuk-ker	⇨ Zu-cker

② 語頭の単独の母音字も，-st- も分綴できる．

Abend	分綴不可	A-bend
Kasten	Ka-sten	⇨ Kas-ten

◆ 従来の正書法では，3つの子音字が重なる合成語の場合(たとえば Schiff + fahrt)，一語で書くときは子音字を一つ削除し(Schiffahrt)，行末で分綴するときは再び挿入する(Schiff-fahrt)という規則があるが，新正書法では，合成語の場合もすべての綴り字を保持させて書くという原則がとられるため(したがって文中でも Schifffahrt)，このような煩瑣な規則もなくなる．

解 答

LÖSUNGEN

第 1 課

■ 練習 ■

① ich denke / du denkst / er denkt
　　不定形 denken　　発音 デンケン　　意味 考える

② ich kaufe / du kaufst / er kauft
　　不定形 kaufen　　発音 カオフェン　　意味 買う

③ ich koche / du kochst / er kocht
　　不定形 kochen　　発音 コッヘン　　意味 料理する

④ ich lache / du lachst / er lacht
　　不定形 lachen　　発音 ラッヘン　　意味 笑う

⑤ ich trinke / du trinkst / er trinkt
　　不定形 trinken　　発音 トリンケン　　意味 飲む

> ch の発音は a, o, u, au につづく場合「ハーッ」という音だったね

第 2 課

■ 練習 ■

① wir denken / ihr denkt / sie denken / Sie denken
② wir kaufen / ihr kauft / sie kaufen / Sie kaufen
③ wir kochen / ihr kocht / sie kochen / Sie kochen
④ wir lachen / ihr lacht / sie lachen / Sie lachen

第 3 課

■ 練習 ■

① Fleißig lernt er Deutsch.
② Deutsch lernt er fleißig.
③ Lernt er jetzt fleißig Deutsch ?
④ Was lernt er fleißig ?

> 動詞は2番目

p. 18

■ 練習 ■

① der / ein Freund   ② der / ein Baum   ⇐ 男性
③ die / eine Frau   ④ die / eine Blume   ⇐ 女性
⑤ das / ein Mädchen   ⑥ das / ein Buch   ⇐ 中性

第 4 課

■ 練習 1 ■

2 格	des	Freund[e]s	der	Blume	des	Buches
3 格	dem	Freund	der	Blume	dem	Buch
4 格	den	Freund	die	Blume	das	Buch

■ 練習 2 ■

① Der Vogel   ② das Buch
③ des Autos   ④ dem Lehrer

> 辞書で2格を -[e]s と書いてあるのは文法上は -s でも -es でもよいということです

第 5 課

■ 練習 1 ■

2 格	eines	Freund[e]s	einer	Blume	eines	Buches
3 格	einem	Freund	einer	Blume	einem	Buch
4 格	einen	Freund	eine	Blume	ein	Buch

■ 練習 2 ■

① eine Bluse / eine Bluse   ② ein Auto / ein Auto
③ einen Schirm / einen Schirm   ④ eine Bluse
⑤ einen Schirm

第 6 課

■ 練習 ■

① heißen / heiße   ② heißt / heiße
③ arbeitet / arbeitet   ④ Landet / landen

153

第7課

■ 練習 ■

① wäscht   ② fängt   ③ sieht
④ isst（旧正書法では ißt）/ esse   ⑤ fährst / fahre   ⑥ fährt / fährt

第8課

■ 練習1 ■

① um den Tisch   ② nach dem Mittagessen
③ mit dem Zug / mit dem Bus   ④ Während der Arbeitszeit

■ 練習2 ■

① mit / nach   ② Für   ③ durch   ④ bei

第9課

■ 練習1 ■   / 4格

① auf den Tisch
② auf dem Tisch
　　　＼3格

移動は4格
位置は3格

■ 練習2 ■

① in die Mensa / in die Bibliothek ← 4格
② An die Tür   ③ An der Tür
④ Vor die Couch) 4格   ⑤ Vor der Couch) 3格

第10課

■ 練習 ■

① Rose — Rosen　ばら   ② Fenster — Fenster　窓
③ Bett — Betten　ベッド   ④ Freund — Freunde　友だち
⑤ Ball — Bälle　ボール   ⑥ Haus — Häuser　家

第 11 課

■ 練習 1 ■

1 格	die	Bälle	die	Bücher	die	Blumen
2 格	der	Bälle	der	Bücher	der	Blumen
3 格	den	Bällen	den	Büchern	den	Blumen
4 格	die	Bälle	die	Bücher	die	Blumen

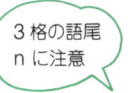

> 3 格の語尾 n に注意

■ 練習 2 ■

① Rosen / Rose / Rosen　　② Kinder / Kind / Kinder
③ Katzen / Katze / Katzen　　④ Hunde / Hund / Hunde

第 12 課

■ 練習 1 ■

1 格	welcher	welche	welches	welche
2 格	welches	welcher	welches	welcher
3 格	welchem	welcher	welchem	welchen
4 格	welchen	welche	welches	welche
2 格	jedes	jeder	jedes	
3 格	jedem	jeder	jedem	
4 格	jeden	jede	jedes	

■ 練習 2 ■

① Welchen / diesen Schlips
② Welches Märchen / Jedes Märchen

第 13 課

■ 練習 1 ■

1 格	mein	meine	mein	meine
2 格	meines	meiner	meines	meiner
3 格	meinem	meiner	meinem	meinen
4 格	meinen	meine	mein	meine

13–15課

■ 練習2 ■

① deine Mutter / Meine Mutter　② deine Brüder / Meine Brüder
③ mit meinem Onkel　④ mit meiner Tante
⑤ mit meinen Freunden

↑ 複数3格の n

mit は3格支配だったね

第14課

■ 練習1 ■

1格	unser	unsere	unser	unsere
2格	unseres	unserer	unseres	unserer
3格	unserem	unserer	unserem	unseren
4格	unseren	unsere	unser	unsere

■ 練習2 ■　— 46ページ参照

時に unsren となることもあります

① unser[e]n Onkel

　君たちは週末何をしますか？ ―私たちはおじを訪ねます．

② uns[e]re Tante

　あなたたちは週末何をしますか？ ―私たちはおばを訪ねます．

③ ihre Eltern

　彼らは週末何をしますか？ ―彼らは両親を訪ねます．

④ keinen Onkel

　君はおじさんがいますか？ ―私にはおじはいません．

⑤ keine Tante

　あなたはおばさんがいますか？ ―私にはおばはいません．

⑥ keine Eltern

　彼はまだ両親がいますか？ ―彼にはもう両親はいません．

第15課

■ 練習 ■

① dich / mich / dich / dich

　ハンス：アンナ，ぼくは君を愛しているよ，君もぼくを愛している？
　アンナ：ハンス，あなたのことは好きだけど，愛してはいないわ．

② sie / sie / dich / mich / mich

ギーゼラ：アンナを愛しているの？

ハンス：うん，彼女を愛しているよ，とても愛しているよ．

ギーゼラ：で，アンナは？彼女もあなたのことを愛しているの？

ハンス：アンナは，ぼくのことは好きだけど愛してはいないって言うんだ．

③ ihn / ihn / mich

ギーゼラ：ハンスを愛しているの？

アンナ：ハンスのことは好きだけど，愛してはいないわ．

ギーゼラ：で，ハンスは？

アンナ：ハンスは，私をとても愛していると言っているわ．

p. 50

■ 練習 ■

① er　このコーヒーは熱いですか？ ―はい，熱いです．
② sie　このスープは熱いですか？ ―いいえ，冷たいです．
③ ihn　この映画は面白いと思いますか？ ―はい，面白いと思います．

第 16 課

2格の語尾を
お忘れなく

■ 練習 1 ■

① 2格　eines　großen　Tisches
　 3格　einem　großen　Tisch
　 4格　einen　großen　Tisch

② seines　alten　Hauses
　 seinem　alten　Haus
　 sein　　altes　Haus

③ 2格　ihrer　neuen　Bluse
　 3格　ihrer　neuen　Bluse
　 4格　ihre　neue　Bluse

④ Ihrer　netten　Eltern
　 Ihren　netten　Eltern
　 Ihre　netten　Eltern

■ 練習 2 ■

① ein bekannter Politiker
　　ベカンター

② ein trauriges Gesicht
　　トラオリゲス

③ seine neue Adresse

④ ein großer Baum

第 17 課

■ 練習 1 ■

① 3格　rotem　Wein　　② frischer　Milch
　4格　roten　Wein　　　 frische　Milch

③ 3格　kaltem　Bier　　④ alten　Häusern
　4格　kaltes　Bier　　　 alte　Häuser

■ 練習 2 ■

① 2格　des　alten　Mannes　② des　dicken　Buches
　3格　dem　alten　Mann　　　dem　dicken　Buch
　4格　den　alten　Mann　　　das　dicke　Buch

③ 2格　der　alten　Frau　④ 1格　die　dicken　Bücher
　3格　der　alten　Frau　　 2格　der　dicken　Bücher
　4格　die　alte　Frau　　　3格　den　dicken　Büchern
　　　　　　　　　　　　　　　4格　die　dicken　Bücher

第 18 課

■ 練習 ■

① Sag / Sagt　　② Erkenne / Erkennt
③ weck / weckt　④ hilf / helft

du に対する命令形の -e はよく省略される！言いやすい方を選ぼう！

第 19 課

■ 練習 ■

① Öffne / Öffnet / Öffnen Sie
② Lies / Lest / Lesen Sie
③ Schreib / Schreibt / Schreiben Sie

p. 65

■ 練習 ■

① den Kranken besuchen　② auf den Zug warten

第 20 課

■ 練習 ■

① Ich wasche mich / Sie wäscht sich
② Wiegst du dich / Wiegt ihr euch jeden Abend
③ Ich wasche mir die Hände / Wir waschen uns die Hände
④ Er denkt nur an sich / Sie denken nur an sich / Denkst du nur an dich

4格

第 21 課

■ 練習 ■

① Ich setze mich auf einen Stuhl
Er setzt sich auf einen Stuhl

② Ich fühle mich heute wohl
Sie fühlt sich heute wohl

③ Interessieren Sie sich für Japan
Interessieren sie sich für Japan

④ Ich unterhalte mich gern mit ihm
Wir unterhalten uns gern mit ihm

⑤ Machst du dir / Macht ihr euch
Machen Sie sich / Machen sie sich

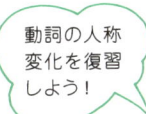

動詞の人称変化を復習しよう！

第 22 課

■ 練習 ■

① fährt / ab   ② fängt / an   ③ steht / auf
④ sieht / aus   ⑤ lädt / ein   ⑥ steigt / ein

第 23 課

■練習 1■

① aber　　　② oder

■練習 2■

① dass (旧正書法では daß)　　② ob (*if*)　　③ weil

> 副文のときは定形が文末

第 24 課

■練習■

① darf　　② kann　　③ muss (旧正書法では muß)
④ sollen　　⑤ will　　⑥ möchte

第 25 課

■練習■

① Wir dürfen keine Zeit verlieren.
② Möchtest du mit uns wandern?
③ Kann ich mit einem Scheck bezahlen?
④ Ich muss einmal richtig ausschlafen.
⑤ Soll ich auf dich warten?
⑥ Wohin willst du fahren?

> 規則動詞の
> 過去形は —te
> 過去分詞は ge—t

第 26 課

■練習■

① lernte / gelernt　　② lobte / gelobt
③ parkte / geparkt　　④ sagte / gesagt
⑤ spielte / gespielt　　⑥ wohnte / gewohnt
⑦ arbeitete / gearbeitet　　⑧ antwortete / geantwortet
⑨ landete / gelandet

（eが入る）

第 27 課

■ 練習 ■

① aß / gegessen
② fand / gefunden
③ las / gelesen
④ rief / gerufen
⑤ schoss (旧正書法では schoß) / geschossen
⑥ schrieb / geschrieben
⑦ schwamm / geschwommen
⑧ sprach / gesprochen
⑨ stand / gestanden

発音に注意ｱﾄ

p. 89

① brachte / gebracht
② dachte / gedacht
③ wusste / gewusst (旧正書法では wußte / gewußt)

第 28 課

■ 練習 ■

① rief an / angerufen
② stand auf / aufgestanden
③ ging aus / ausgegangen
④ lud ein / eingeladen
⑤ kam mit / mitgekommen
⑥ kam zurück / zurückgekommen
⑦ untersuchte / untersucht
⑧ verbrachte / verbracht
⑨ verkaufte / verkauft
⑩ versprach / versprochen

非分離動詞には ge が入らない

第 29 課

■ 練習 1 ■

① spielte   spielten
   spieltest spieltet
   spielte   spielten

② kaufte   kauften
   kauftest kauftet
   kaufte   kauften

③ ging   gingen
   gingst   gingt
   ging   gingen

④ trank   tranken
   trankst trankt
   trank   tranken

29–32 課

■ 練習 2 ■

① Er spielte heute Tennis.
② Er kam gestern in Köln an.
③ Er versprach ihr Hilfe.
④ Er kaufte gestern in der Buchhandlung ein Buch.

第 30 課

■ 練習 1 ■

ich	habe	...	getrunken	wir	haben	...	getrunken
du	hast	...	getrunken	ihr	habt	...	getrunken
er	hat	...	getrunken	sie	haben	...	getrunken

■ 練習 2 ■

① a : gelesen haben
　　b : Ich habe die Zeitung schon gelesen.
② a : getrunken haben
　　b : Er hat eine Tasse Kaffee getrunken.
③ a : eingeladen haben
　　b : Sie hat ihn zum Essen eingeladen.

第 31 課

■ 練習 ■

① haben / gelernt / habe / studiert / habe / studiert
② haben / gekauft / habe / gekauft / hat / gekostet / hat / gekostet

第 32 課

■ 練習 1 ■

ich	bin	...	geflogen	wir	sind	...	geflogen
du	bist	...	geflogen	ihr	seid	...	geflogen
er	ist	...	geflogen	sie	sind	...	geflogen

■ 練習 2 ■

① ist / geflogen / ist / geflogen

いつ彼はドイツに(飛行機で)行きましたか．

―20 年前にドイツに行きました．

② sind / gefahren / sind / gefahren

どこにあなたたちは夏に(乗り物で)行きましたか．

―私たちはフランスに行きました．

③ bist / aufgestanden / bin / aufgestanden / bist / aufgestanden

何時に君はきょう起きましたか．

―7 時に起きました．君は？ 君は何時に起きましたか．

④ bin / gefahren / sind / gegangen

きのう何をしましたか．

―最初に大学に(乗り物で)行きました．その後，アンナと私は映画を見に(徒歩で)行きました．

第 33 課

■ 練習 1 ■

ich	werde	...	gefragt	wir	werden	...	gefragt
du	wirst	...	gefragt	ihr	werdet	...	gefragt
er	wird	...	gefragt	sie	werden	...	gefragt

■ 練習 2 ■

① a： geöffnet werden

　 b： Die Tür wird um 8 Uhr geöffnet.

② a： gebaut werden

　 b： Hier wird ein Krankenhaus gebaut.

③ a： gebracht werden

　 b： Hans wird ins Krankenhaus gebracht.

第 34 課

■ 練習 1 ■

ich wurde ... besucht	wir wurden ... besucht
du wurdest ... besucht	ihr wurdet ... besucht
er wurde ... besucht	sie wurden ... besucht

■ 練習 2 ■

① a : geöffnet wurde
   b : Die Tür wurde um 9 Uhr geöffnet.

② a : zugelassen wurde
   b : Er wurde zum Studium zugelassen.

③ a : zerstört wurde
   b : Die Stadt wurde im Krieg zerstört.

第 35 課

■ 練習 1 ■

ich bin ... besucht worden	wir sind ... besucht worden
du bist ... besucht worden	ihr seid ... besucht worden
er ist ... besucht worden	sie sind ... besucht worden

■ 練習 2 ■

① a : gebracht worden sein
   b : Er ist ins Krankenhaus gebracht worden.

② a : besucht worden sein
   b : Der Lehrer ist von den Schülern besucht worden.

③ a : untersucht worden sein
   b : Der Patient ist von dem Arzt gründlich untersucht worden.

④ a : gefragt worden sein
   b : Ich bin von einer fremden Frau nach dem Weg gefragt worden.

geworden と worden を区別しよう

第 36 課

■ 練習 1 ■

① meine Mutter zu besuchen
② mit Taro Tennis zu spielen
③ mit Hanako ins Kino zu gehen
④ Hans zum Abendessen einzuladen

分離動詞は間に zu を入れる

■ 練習 2 ■

① Mit Taro Tennis zu spielen / mit Taro Tennis zu spielen
② meine Mutter zu besuchen
③ Hanako zum Abendessen einzuladen

p. 117

■ 練習 ■

① Wir arbeiten sonntags nicht.
② Ich kenne den Mann nicht.
③ Er fährt heute nicht ab.

第 37 課

■ 練習 ■

billig	— billiger	— billigst
tief	— tiefer	— tiefst
alt	— älter	— ältest
hoch	— höher	— höchst
wenig	— weniger	— wenigst
teuer	— teurer	— teuerst

ウムラウトするものに注意！

c がなくなる

-el, -en, -er で終わる形容詞は e が省略される（☞ p. 119「e の話」）

第 38 課

■ 練習 ■

① größeren ② kleineren ③ teureren
④ billigeren ⑤ höchsten ⑥ tiefsten

（カットのセリフ）壁の鏡よ，国中で一番美しいのは誰．
—女王様，あなたがここではもっとも美しい．しかし白雪姫はあなたより千倍も美しい．

第 39 課

■ 練習 ■

① klüger ② älter ③ billiger
④ tiefer ⑤ größte ⑥ beste

第 40 課

■ 練習 1 ■

① besser ② schnellsten ③ mehr
④ liebsten ⑤ lieber

■ 練習 2 ■

① ハンス，ワインを一杯飲みたくないかい．
　—いいえ，むしろコーヒーを一杯飲みたい．
② きょう映画を見に行きたくないかい．
　—いいえ，むしろ本を読みたい．

第 41 課

■ 練習 ■

① der ② die ③ die
④ das ⑤ dessen ⑥ dem

前置詞＋関係代名詞はいつもひとつのかたまりになるんだよ

第 42 課

■ 練習 ■

① ich trinke　　wir trinken　　② ich kaufe　　wir kaufen
　du trinkest　　ihr trinket　　　du kaufest　　ihr kaufet
　er trinke　　　sie trinken　　　er kaufe　　　sie kaufen

③ ich gehe　　　wir gehen　　　④ ich werde　　wir werden
　du gehest　　 ihr gehet　　　　du werdest　　ihr werdet
　er gehe　　　 sie gehen　　　　er werde　　　sie werden

第 43 課

■ 練習 1 ■

① ich tanzte　　wir tanzten　　② ich kochte　　wir kochten
　du tanztest　　ihr tanztet　　　du kochtest　　ihr kochtet
　er tanzte　　　sie tanzten　　　er kochte　　　sie kochten

■ 練習 2 ■

① ich gäbe　　　wir gäben　　　② ich ginge　　wir gingen
　du gäbest　　 ihr gäbet　　　　du gingest　　ihr ginget
　er gäbe　　　 sie gäben　　　　er ginge　　　sie gingen

③ ich läse　　　wir läsen　　　④ ich könnte　　wir könnten
　du läsest　　 ihr läset　　　　du könntest　　ihr könntet
　er läse　　　 sie läsen　　　　er könnte　　　sie könnten

第 44 課

■ 練習 ■

① fliege　　② zurückkomme　　③ wolle
④ könne　　⑤ werde

第 45 課

■ 練習 ■

① hätte / ginge　　② hätten / würden　　③ hätte / würde
④ würden / wären　　⑤ wäre / könnten　　⑥ würde / würden

第 46 課

■ 練習 ■

① gegangen sei　　② seien / ausgestiegen
③ habe / bestanden　　④ gehabt hätte / wäre / gefahren

> 最後までよく頑張りましたね．先生もオウム君もとても喜んでいます．なにごとでも最後までやり通すということは価値のあることです．今後はさらに上を目指して頑張ってくださいね．陰ながら祈っています．
> では，さようなら！

主な不規則動詞の変化表

不定詞	直説法現在	直説法過去	接続法第2式	過去分詞
befehlen 命じる	*du* befiehlst *er* befiehlt	**befahl**	beföhle /befähle	**befohlen**
beginnen 始める		**begann**	begönne /begänne	**begonnen**
beißen かむ	*du* beißt *er* beißt	**biss**	bisse	**gebissen**
bergen 救出する	*du* birgst *er* birgt	**barg**	bärge	**geborgen**
bieten 提供する		**bot**	böte	**geboten**
binden 結ぶ		**band**	bände	**gebunden**
bitten 頼む		**bat**	bäte	**gebeten**
blasen 吹く	*du* bläst *er* bläst	**blies**	bliese	**geblasen**
bleiben とどまる		**blieb**	bliebe	**geblieben**
braten (肉を)焼く	*du* brätst *er* brät	**briet**	briete	**gebraten**
brechen 折る	*du* brichst *er* bricht	**brach**	bräche	**gebrochen**
brennen 燃やす；燃える		**brannte**	brennte	**gebrannt**
bringen 持ってくる		**brachte**	brächte	**gebracht**
denken 考える		**dachte**	dächte	**gedacht**
dringen 突き進む		**drang**	dränge	**gedrungen**
dürfen …してもよい	*ich* darf *du* darfst *er* darf	**durfte**	dürfte	**gedurft**
empfehlen 勧める	*du* empfiehlst *er* empfiehlt	**empfahl**	empföhle /empfähle	**empfohlen**
erschrecken 驚く	*du* erschrickst *er* erschrickt	**erschrak**	erschräke	**erschrocken**
essen 食べる	*du* isst *er* isst	**aß**	äße	**gegessen**
fahren (乗物で)行く	*du* fährst *er* fährt	**fuhr**	führe	**gefahren**
fallen 落ちる	*du* fällst *er* fällt	**fiel**	fiele	**gefallen**

不定詞	直説法現在	直説法過去	接続法第2式	過去分詞
fangen 捕える	*du* fängst *er* fängt	**fing**	finge	**gefangen**
finden 見つける		**fand**	fände	**gefunden**
fliegen 飛ぶ		**flog**	flöge	**geflogen**
fliehen 逃げる		**floh**	flöhe	**geflohen**
fließen 流れる	*er* fließt	**floss**	flösse	**geflossen**
fressen (動物が)食う	*du* frisst *er* frisst	**fraß**	fräße	**gefressen**
frieren 凍える		**fror**	fröre	**gefroren**
gebären 産む		**gebar**	gebäre	**geboren**
geben 与える	*du* gibst *er* gibt	**gab**	gäbe	**gegeben**
gehen 行く		**ging**	ginge	**gegangen**
gelingen 成功する		**gelang**	gelänge	**gelungen**
gelten 通用する	*du* giltst *er* gilt	**galt**	gölte /gälte	**gegolten**
genießen 楽しむ		**genoss**	genösse	**genossen**
geschehen 起こる	*es* geschieht	**geschah**	geschähe	**geschehen**
gewinnen 獲得する		**gewann**	gewönne /gewänne	**gewonnen**
gießen 注ぐ	*du* gießt *er* gießt	**goss**	gösse	**gegossen**
gleiten すべる		**glitt**	glitte	**geglitten**
graben 掘る	*du* gräbst *er* gräbt	**grub**	grübe	**gegraben**
greifen つかむ		**griff**	griffe	**gegriffen**
haben 持っている	*du* hast *er* hat	**hatte**	hätte	**gehabt**
halten 保つ	*du* hältst *er* hält	**hielt**	hielte	**gehalten**
hängen 掛かっている		**hing**	hinge	**gehangen**
heben 持ち上げる		**hob**	höbe	**gehoben**

不定詞	直説法現在	直説法過去	接続法第2式	過去分詞
heißen …という名である	*du* heißt *er* heißt	**hieß**	hieße	**geheißen**
helfen 助ける	*du* hilfst *er* hilft	**half**	hülfe /hälfe	**geholfen**
kennen 知っている		**kannte**	kennte	**gekannt**
klingen 鳴る		**klang**	klänge	**geklungen**
kommen 来る		**kam**	käme	**gekommen**
können …できる	*ich* kann *du* kannst *er* kann	**konnte**	könnte	**gekonnt**
kriechen はう		**kroch**	kröche	**gekrochen**
laden 積み込む	*du* lädst *er* lädt	**lud**	lüde	**geladen**
lassen …させる	*du* lässt *er* lässt	**ließ**	ließe	**gelassen**
laufen 走る	*du* läufst *er* läuft	**lief**	liefe	**gelaufen**
leiden 苦しむ		**litt**	litte	**gelitten**
leihen 貸す		**lieh**	liehe	**geliehen**
lesen 読む	*du* liest *er* liest	**las**	läse	**gelesen**
liegen 横たわっている		**lag**	läge	**gelegen**
lügen うそをつく		**log**	löge	**gelogen**
meiden 避ける		**mied**	miede	**gemieden**
messen 測る	*du* misst *er* misst	**maß**	mäße	**gemessen**
mögen …だろう，好きだ	*ich* mag *du* magst *er* mag	**mochte**	möchte	**gemocht**
müssen …しなければならない	*ich* muss *du* musst *er* muss	**musste**	müsste	**gemusst**
nehmen 取る	*du* nimmst *er* nimmt	**nahm**	nähme	**genommen**
nennen 名づける		**nannte**	nennte	**genannt**

不定詞	直説法現在	直説法過去	接続法第2式	過去分詞
preisen ほめる	*du* preist *er* preist	**pries**	priese	**gepriesen**
raten 忠告する	*du* rätst *er* rät	**riet**	riete	**geraten**
reißen 裂く	*du* reißt *er* reißt	**riss**	risse	**gerissen**
reiten 馬で行く		**ritt**	ritte	**geritten**
rennen 駆ける		**rannte**	rennte	**gerannt**
riechen におう		**roch**	röche	**gerochen**
rufen 呼ぶ		**rief**	riefe	**gerufen**
schaffen 創造する		**schuf**	schüfe	**geschaffen**
scheiden 分ける		**schied**	schiede	**geschieden**
scheinen 輝く		**schien**	schiene	**geschienen**
schelten しかる	*du* schiltst *er* schilt	**schalt**	schölte	**gescholten**
schieben 押す		**schob**	schöbe	**geschoben**
schießen 撃つ	*du* schießt *er* schießt	**schoss**	schösse	**geschossen**
schlafen 眠る	*du* schläfst *er* schläft	**schlief**	schliefe	**geschlafen**
schlagen 打つ	*du* schlägst *er* schlägt	**schlug**	schlüge	**geschlagen**
schleichen 忍び歩く		**schlich**	schliche	**geschlichen**
schließen 閉める	*du* schließt *er* schließt	**schloss**	schlösse	**geschlossen**
schmelzen 溶ける	*du* schmilzt *er* schmilzt	**schmolz**	schmölze	**geschmolzen**
schneiden 切る		**schnitt**	schnitte	**geschnitten**
schreiben 書く		**schrieb**	schriebe	**geschrieben**
schreien 叫ぶ		**schrie**	schriee	**geschrien**
schreiten 歩く		**schritt**	schritte	**geschritten**
schweigen 黙っている		**schwieg**	schwiege	**geschwiegen**

不定詞	直説法現在	直説法過去	接続法第2式	過去分詞
schwimmen 泳ぐ		**schwamm**	schwömme /schwämme	**geschwommen**
schwinden 消える		**schwand**	schwände	**geschwunden**
schwören 誓う		**schwor**	schwüre	**geschworen**
sehen 見る	*du* siehst *er* sieht	**sah**	sähe	**gesehen**
sein (…で)ある	*ich* bin *du* bist *er* ist	**war**	wäre	**gewesen**
senden 送る	*du* sendest *er* sendet	**sandte** (**sendete**)	sendete	**gesandt** (**gesendet**)
singen 歌う		**sang**	sänge	**gesungen**
sinken 沈む		**sank**	sänke	**gesunken**
sitzen すわっている	*du* sitzt *er* sitzt	**saß**	säße	**gesessen**
sollen …すべきである	*ich* soll *du* sollst *er* soll	**sollte**	sollte	**gesollt**
sprechen 話す	*du* sprichst *er* spricht	**sprach**	spräche	**gesprochen**
springen 跳ぶ		**sprang**	spränge	**gesprungen**
stechen 刺す	*du* stichst *er* sticht	**stach**	stäche	**gestochen**
stehen 立っている		**stand**	stünde /stände	**gestanden**
stehlen 盗む	*du* stiehlst *er* stiehlt	**stahl**	stähle /stöhle	**gestohlen**
steigen 登る		**stieg**	stiege	**gestiegen**
sterben 死ぬ	*du* stirbst *er* stirbt	**starb**	stürbe	**gestorben**
stoßen 突く	*du* stößt *er* stößt	**stieß**	stieße	**gestoßen**
streichen なでる		**strich**	striche	**gestrichen**
streiten 争う		**stritt**	stritte	**gestritten**
tragen 運ぶ	*du* trägst *er* trägt	**trug**	trüge	**getragen**

不定詞	直説法現在	直説法過去	接続法第2式	過去分詞
treffen 会う	*du* triffst *er* trifft	**traf**	träfe	**getroffen**
treiben 駆りたてる		**trieb**	triebe	**getrieben**
treten 歩む	*du* trittst *er* tritt	**trat**	träte	**getreten**
trinken 飲む		**trank**	tränke	**getrunken**
trügen だます		**trog**	tröge	**getrogen**
tun する	*ich* tue *du* tust *er* tut	**tat**	täte	**getan**
verderben だめにする	*du* verdirbst *er* verdirbt	**verdarb**	verdürbe	**verdorben**
vergessen 忘れる	*du* vergisst *er* vergisst	**vergaß**	vergäße	**vergessen**
verlieren 失う		**verlor**	verlöre	**verloren**
wachsen 成長する	*du* wächst *er* wächst	**wuchs**	wüchse	**gewachsen**
waschen 洗う	*du* wäschst *er* wäscht	**wusch**	wüsche	**gewaschen**
weichen よける		**wich**	wiche	**gewichen**
weisen 指示する		**wies**	wiese	**gewiesen**
wenden 向ける	*du* wendest *er* wendet	**wandte** (**wendete**)	wendete	**gewandt** (**gewendet**)
werben 募集する	*du* wirbst *er* wirbt	**warb**	würbe	**geworben**
werden (…に)なる	*du* wirst *er* wird	**wurde**	würde	**geworden**
werfen 投げる	*du* wirfst *er* wirft	**warf**	würfe	**geworfen**
wissen 知っている	*ich* weiß *du* weißt *er* weiß	**wusste**	wüsste	**gewusst**
wollen …するつもりで ある	*ich* will *du* willst *er* will	**wollte**	wollte	**gewollt**
ziehen 引く		**zog**	zöge	**gezogen**
zwingen 強いる		**zwang**	zwänge	**gezwungen**

著者紹介

在間　　進（ざいま・すすむ）
　東京外国語大学名誉教授

Z先生の超かんたんドイツ語〈CDブック〉

2002年5月1日　初版発行
2010年3月1日　第7刷

　　著　者　　在　間　　　進
　　発行者　　大　井　敏　行
　　発行所　　株式会社　郁文堂
　　　　　　　113-0033 東京都文京区本郷 5-30-21
　　　　　　　電話［営業］03-3814-5571　［編集］03-3814-5574
　　　　　　　振替 00130-1-14981

　　　印刷　研究社印刷　　製本　国宝社

ISBN 978-4-261-07251-8　　　　許可なく複製・転載すること，または
Ⓒ 2002　Printed in Japan　　　部分的にもコピーすることを禁じます

学習者から専門家まで使いやすい本格辞典の決定版！

郁文堂 独和辞典 第二版

本格辞典の必須条件をことごとくクリアー

■編集主幹 冨山芳正

★11万語を超える見出し語数　★的確な訳語，大辞典に匹敵する豊富な用例　★新語・古語・俗語・専門用語にも十分な配慮　★語源や同義語・対義語なども表示　★第二版で新たに採用した語は3600余，図版40を掲載　★文法的説明を随所に入れ，用法を明確に示した

四六判　1,845頁　**4,200円**

見やすい！わかりやすい！使いやすい！

エクセル独和辞典 〈新装版〉

■在間 進編

★「初学者のため」を徹底的に追求！　★説明はできるだけ丁寧に，要点が一覧表・記号などにより見やすい！　★動詞にはすべて過去・過去分詞形を表記　★誰でもわかる発音カナ表記　★EUなど時事用語や新語を多数収録　★和独・文法索引付　★新正書法版

小B6判　1,027頁　〈2色刷〉**2,800円**

今いちばん売れている「和独」！

郁文堂 和独辞典 第四版

■冨山／三浦／山口 編

★平がな五十音順の見出しにより引き易さは抜群　★豊富な句例，文例から的確な表現による現代のドイツ文が容易に引き出せる　★収録語数は「和独辞典」として十分な6万3千語　★「会話慣用表現」「手紙の書き方」等，付録も充実　★新正書法に全面改訂

小B6判　713頁　**3,400円**

Z先生の超かんたんドイツ語

■在間 進著

★1課を見開き2頁で解説．書き込み式ドリルと会話文を使った練習で，文法を理解しながら会話も身につけられる

A5判　〈2色刷〉**2,000円**

ドイツトラベル会話〈新訂版〉 CDブック

■ミヒェル／新保 著

★現地での様々なシーンで役立つフレーズ満載　★応用表現も充実しており，自己表現能力を徹底養成　★新正書法版

四六判　〈2色刷〉**2,600円**

個人旅行のナビゲーター

初めて海外旅行に行く人も，自由に外国を回りたい人も，詳しい情報満載のこの一冊ですべてOK！

▶ **ドイツトラベル事典**
植田健嗣 著　A5判・3,000円

▶ **スイストラベル事典**
植田健嗣 著　A5判・3,000円

▶ **イギリストラベル事典**
長谷川洋子 著　A5判・2,600円

▶ **フランストラベル事典**
三宅姞子 著　A5判・2,600円

独検で実力アップ！

独検過去問題集(年度版)[CD付]
財団法人ドイツ語学文学振興会 編
〈2級／準1級／1級〉　A5判　3,600円
〈5級／4級／3級〉　A5判　2,800円

独検合格スーパートレーニング
高木／冨山／横塚／大井 共著　A5判　1,200円

独検合格らくらく30日[CD付]
飯嶋／清水 編著
〈準1級〉〈2級〉　A5判 各2,200円
〈3級〉〈4級〉　A5判 各2,000円

〈価格は税別．なお，価格は変更されることがあります．〉